城郭の怪異

二本松康宏／中根千絵
編著

三弥井書店

城郭の怪異　もくじ

城郭の怪異を訪ねて

二本松　康宏

二〇〇六年、公益財団法人日本城郭協会によって「日本一〇〇名城」が選定された。その頃からだろうか、今日まで続く「お城ブーム」はすごい勢いである。二〇一七年には同協会によって「続日本一〇〇名城」も選定され、それまではあまり有名ではなかった城までが注目されるようになった。天守や櫓のようなシンボリックな構造物がなくても、石垣や土塁、空堀といった歴史的な遺構だけの城址まで多く採択したあたりには日本城郭協会と「お城マニア」たちの矜持が伺われる。インターネットの商品購入サイトＡｍａｚｏｎで「城郭」をキーワードに書籍を探せば、夥しい数の刊行物が表示される。『絶対行きたくなる！ニッポン不滅の名城』『あなたも絶対行きたくなる！日本「最強の城」スペシャル』（いずれもＮＨＫ）、『歴史ミステリー 日本の城 見聞録』（ＢＳ朝日）などテレビでも「お城」関連の番組はおよそ途切れたことがない。

俗に「鉄っちゃん」と呼ばれる鉄道マニアの中にも、車輌研究メインの「車輌鉄」、鉄道写真の撮影にこだわる「撮り鉄」、鉄道旅行を趣味とする「乗り鉄」、さらに音響専門の「録り鉄」や時刻表に特化した「時刻表鉄」など様々な志向があるらしい。実は、城郭マニアにもそうした多様性があり、皆が皆、天守に心惹かれるかというとかならずしもそうではない。天守よりも櫓のほうが好きという人もけっこういる。復興天守や模擬天守を良しとせず、石垣や土塁といったあくまでも歴史的遺構にこだわる人も少なくない。雑木に埋もれた山城の虎口や空堀の跡にも興味が惹かれる。私の友人には城郭を訪れるたびに防城や攻略を巡らせ、蘊蓄を語りたがるシミュレーション好きがいる。変わり種で言えば、城址公園によくある記念写真用の顔出しパネルを目当てにお城めぐりをしている友人もいた。城郭マニアもなかなか一様ではない。そして「怪異」もまた城郭の魅力の一つだろう。

城郭の本質は防衛拠点である。豊臣政権の頃に広まる権威の象徴としての壮麗な天守にしても、それが藩政時代の政庁になっても、その肝心の本質は変わらないだろう。領国が敵の軍勢に攻め込まれたとき、城は最後の防衛拠点となる。どのように防ぎ、あるいは退けるか、城ごとに練られた創意と工夫がおもしろい。

ただし、城が防がなければならないのは目前に迫る敵兵ばかりではない。敵の軍勢に憑依した悪霊・怨霊、物の怪や妖異の類こそ怨敵の正体である。戦《いくさ》にはそうした悪霊・怨霊の排除が不可欠であり、それを担うのが軍師である。軍師というのは後世にイメージされたような作戦参謀ではなく、本来は敵方に憑いた悪霊・怨霊を調伏するための占いと呪《まじな》いの専門家だったという（小和田哲男『呪術と占星の戦国史』新潮選書、一九九八年）。戦とはいえ人を殺して平気でいられるはずもない。だから武士たちは悪霊・怨霊を怖れ、その祟りや呪《のろ》いを怖れ、ことさらに神仏の加護を求めた。武田信玄は諏方大明神の旗を押し立て、諏方法性の兜をかぶる。上杉謙信は毘沙門天の旗を擁し、兜に飯縄権現の前立を戴いた。軍神の大義を掲げ、自らをその現し身と化すことによって、無惨な死を遂げた敵味方の将兵たちの怨念を鎮め、その祟りや呪《のろ》いを防ぐことができると信じたかったのだろう。

野戦で真っ向から戦って死ねるならば、ひょっとしたら武士の本懐かもしれない。しかし、落城ともなるとただただ悲惨である。城主やその一族、家臣らは大抵の場合、無惨な最期を遂げることになる。そうして生まれた怨霊たちがおとなしく鎮まるはずはない。城を奪い取り、新たな城主となった者は、絶えず怨霊に脅かされることになる。だからそちらへの警戒と鎮魂、祭祀も欠かせない。とは言うものの、ただ徒に祟りを怖れるだけではない。怯えてばかりでは領国を統治できない。できれば神仏の加護とともに果報や福徳も授かりたい。そうしたジレンマが積み重なり、あるいは交錯し、城郭はいっそうの神秘や怪異に包まれてゆく。

白河小峰城（福島県白河市）のおとめ、郡上八幡城（岐阜県郡上市）のおよし、丸岡城（福井県坂井市）のお静、長浜城（滋賀県長浜市）のおかねときく、和歌山城（和歌山市）のお虎、米子城（鳥取県米子市）のおくめ、大洲城（愛媛県大洲市）のおひじ、大垣城（岐阜県大垣市）の旅の六部、丸亀城（香川県丸亀市）の豆腐売りなど築城にまつわる人柱の伝説は枚挙にいとまがない。また、岩切城（仙台市）、砥石城（長野県上田市）、葛山城（長野市）、七尾城（石川県七尾市）、阿坂城（三重県松阪市）、天霧城（香川県善通寺市）などにはいわゆる白米城伝説が伝わる。難攻不落の山城でありながら、籠城において水を断たれてしまう。城兵たちは蓄えていた白米で馬の背を洗って、水が豊富にあるように見せかけるが、大抵の場合、内通や密告によって白米の偽装があばかれて落城する。さらに大抵の場合、死んでいった城兵たちの亡霊のうめき声がどこからともなく聞こえてくるともいう。これも全国各地に伝わる伝説である。井戸にしても、石垣にしても、天守にしても、櫓にしても、堀にしても、城郭にはおよそどこかしらに怪異の伝説が纏わりつく。

中澤克昭によれば、戦国時代の山城や平山城はもともとその地の聖なる山に築かれたという。聖地への信仰を包摂することで支配の正当化を目指し、あるいは滅亡した旧領主らの鎮魂を内包した。そうした系譜を継承した近世の城郭は、それ自体が「新たに創出された聖地だった」という（中澤克昭「城郭と聖地 再考―中世から近世へ―」、岩下哲典・「城下町と日本人の心」研究会編『城下町と日本人の心性―その表象・思想・近代化―』所収、岩田書院、二〇一六年）。なるほど、それならば城郭には怪異や神秘の伝説が生まれる素地がある。城がもともと信仰の山だったとしたら、飢渇の果てに血と炎で汚された聖地にこそ怨霊たちが蠢く。しかし険峻な山城は統治のための施設としては不向きだから、戦乱の時代が終われば、その多くは廃れる。そういえば白米城伝説の多くはほとんど跡形もない廃城である。平山城や平城が中澤の言うような「新たに創出された聖地」だとすれば、そこに秘められた人柱伝説は、まさにその聖地性の一端とも言えよう。柳田國男が「人を神に祀る風習」（一九二六年）で説いたように、権力にとって怨霊の統御は統治に欠かせない課題であった。むしろその発生を欲してさえいた。怨霊を鎮め、それを神として祀ることによって守護の霊威とする。適当な怨霊がいなければ、新しく作ってしまえばいい。現実に人柱を埋めたかどうかではない。人柱伝説があれば済む話である。

たとえば、松本藩主戸田家の初代・康長の世子として生まれた永兼は、母親が徳川家康の異父妹・松姫でありながら家督を相続することなく亡くなってしまう。戸田家では永兼の霊に「暘谷」の号を奉り、神として城内に祀った。と、ここまでは歴史的な事実である。ところが暘谷様の伝説は凄まじい。まず暘谷様の生母・松姫は容姿が醜かったため夫・康長に疎まれて松本城の乾小天守に幽閉され、それを嘆いて窓から飛び降りて自害したと伝えられる。あるいは我が子が家督を継げなかったことを恨んで怨霊となり、戸田家に祟ったという言い伝えもある。暘谷様自身が怨霊になったともいう。だが、そもそも松姫は夫・康長が松本城に封ぜられるより三〇年近くも前の天正一六年（一五八八）に亡くなっているから、松本城の乾小天守に幽閉されることなどあり得ない。永兼が四〇歳で亡くなったのも、とくに彼が夭逝したというわけではなく、父である康長のほうが長生きだったからに過ぎない。康長は永兼が亡くなった後、一四年も藩主の座にあり、そのあいだには二人目の世子・忠光も亡くなっている。つまり暘谷神こと永兼が怨霊となる理由はないのである。それなのに戸田家は暘谷様を神として祀り上げた。その母である松姫にも淑慎の神号を贈り、あわせて祭祀した。徳川家康の甥でありながら戸田家の家督を継ぐことがなかった永兼に、なんとかして悲劇的なストーリーを見出し、その悲劇を糧とした守護神（御霊）に仕立て上げたかったのではないか。

松本城といえば、太鼓門の脇の石垣に埋め込まれた巨石・玄蕃石の伝説も捨てがたい。石川数正の子・玄蕃頭康長（紛らわしいが戸田康長とは別人）は松本城の大改修の際に、巨石を運ぶ作業に不満を漏らした男を咎め、衆目の前で首を刎ねたという。その巨石が太鼓門の玄蕃石であると伝えられる。首を刎ねられた男が後に祟りを為したとか怨霊になったという話はないが、この伝説にも根底には新しい怨霊の創出が見え隠れする。

さて、そうした話を中根千絵に語ると、中根も興味を示してくれた。それがきっかけとなって説話・伝承学会に城郭の怪異伝承をめぐるシンポジウムの開催を提案。同学会の二〇一九年度春季大会（二〇一九年四月二七日～二八日、中京大学）において、文字どおり「城郭の怪異」と題したシンポジウムが開催されるに至った。パネラーには後に本書の執筆にも参加する南郷晃子（山伏と築城に関わる怪異譚の考察）と菊池庸介（日本近世文学における「城郭の怪異」―版本や近世実録などの写本からうかがえるもの―）が並ぶ。広く海外の説話・伝承も重んじる同学会であるから、海外の事例報告として私の同僚でもある青木健（中世インド都市に於けるゾロアスター教聖者の奇跡とイスラーム化）もパネラーとして招聘した。司会は中根千絵と二本松である。私はまさに「買って出た」。なにしろ城好きだから。そしてシンポジウムの直後から書籍の刊行計画が始動した。タイトルはもちろん『城郭の怪異』である。

執筆陣を考えたとき、真っ先に思い浮かんだのは言うまでもなく南郷と菊池である。とくに南郷といえば姫路城の長壁姫に関する研究で知られるが、近年は松山城の伝説にも取り組んでいる。いわば「城郭の怪異」の一つの手本である。「怪異」といえば堤邦彦と久留島元に声をかけないわけにはいかない。怪談研究のエキスパートとホープである。城郭にまつわる怪異伝承の多くが江戸時代から文芸や地誌のなかで喧伝されてきたものであることを踏まえると、その分野の専門家である菊池に加えて三宅宏幸にも参加を求めたい。南郷と菊池についで、堤、久留島、三宅には中根が誘いの声をかけた。いつも思うことだが中根の〝人脈〟はすごい。

だが「怪異」といえば畑はどうしても文学である。中根は「二本松さんはお城に詳しい」とおだてるが、私などはマニアと称するのもおこがましい、ただの城好きに過ぎない。城郭史や中世史、近世史の本格的な執筆者がどうしても欠かせない。前述の中澤克昭に相談すると近世尾張の経済史を専門とする林順子と城郭史に詳しい小田倉仁志を紹介された。二人とも「城下町と日本人の心」研究会のメンバーとして『城下町と日本人の心性―その表象・思想・近代化―』の執筆に参加した実績がある。とくに小田倉は近世史学が専門でありながら狐築城伝説の研究でも業績があった。そしてどういうツテがあったのだろうか中根は北川央を誘い入れた。おそらく日本で一番、大坂城に詳しい人物である。

「城郭」と「怪異」という二つの話題を一冊にまとめてみたのがこの書籍である。執筆陣も伝承、怪異、江戸文学、歴史学、城郭史と多彩で、それぞれの視点も論点も違うから読み飽きしない。内容的にはガチガチの学術論文よりも少し読みやすく、専門書と教養書の中間ぐらいであろうか。「城郭好き」の方にも「怪異好き」の方にもぜひともご一読いただき、できればご意見やご感想を賜りたい。

会津若松城

怪異が導いた
創建伝説

小田倉　仁志

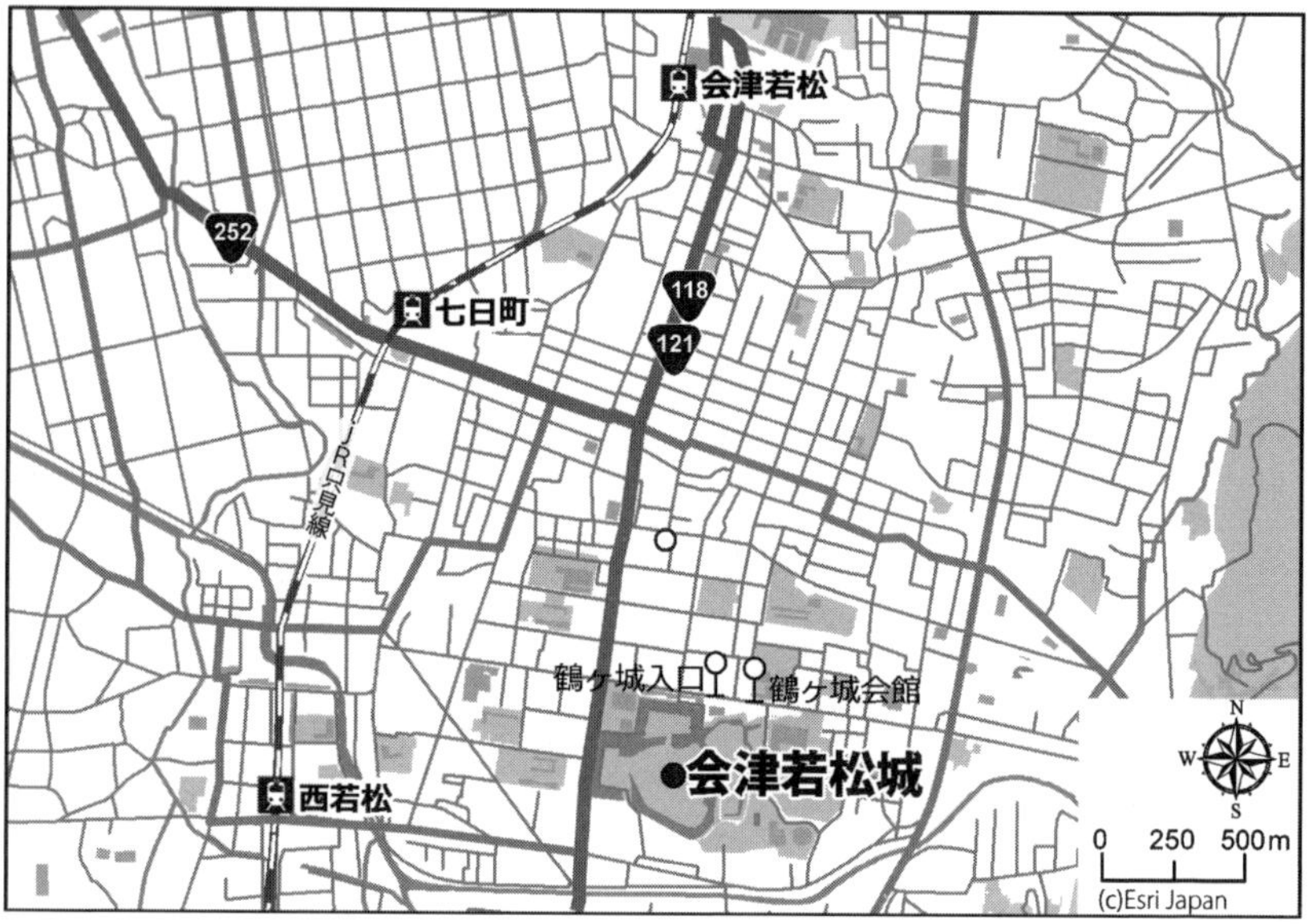

会津若松城（鶴ヶ城市民公園）

福島県会津若松市追手町一-一

アクセス　JR会津若松駅から周遊バス「ハイカラさん」で「鶴ヶ城入口」バス停下車　徒歩五分
または循環バス「エコろん号」で「鶴ヶ城会館」バス停下車　徒歩五分

会津若松城は、地元では「鶴ヶ城」と一般に呼称され、親しまれている。その解説本である『鶴ヶ城公式ガイドブック』には、一つの伝説が記されている。城内にある鶴ヶ城稲荷神社の創建の伝説として、夢に狐が現れて城地を示したというものだ。このような怪異の伝説は、いつ頃、いったいどこから生まれてきたのか。なぜ会津若松城の伝説として記載されるに至ったのか。その背景には何があるのか。本稿では、その一端を覗いてみることとしたい。

シンボルとしての会津若松城

観光都市として会津若松市を考えたとき、会津若松城（鶴ヶ城）を抜きに語ることはできない。観光ルートとしては、裏磐梯や猪苗代湖の自然を満喫し、会津若松城や白虎隊の古跡を周遊して、温泉に投宿するというのが一般的なパターンである。

観光都市としての会津若松市は、前近代を観光資源の中心に据えることで出来上がってきた。観光都市化政策の始まりは、昭和二八年（一九五三）に開催された会津まつりの第一回であろう。それは、蒲生氏郷公三六〇年祭としてのものであった。

転機となったのは、昭和三二年（一九五七）の戊辰戦役九〇年祭として行われた第五回会津まつりである。白虎隊に扮したパレードが好評を博したことで、戊辰戦争が観光資源として魅力的であることが証明された。この年には「鶴ヶ城天守閣復元期成同盟」も発足している。会津若松城とは、観光都市としての会津若松市のシンボルなのである。

観光資源化の中で会津若松城が注目されることとなったためか、戊辰戦争という物語の中で語られる会津若松城の終焉については世人の興味を惹起しても、会津若松城の創建についてはこれまであまり関心が払われてこなかった。実際に、中世城館の多くの例にもれず、年代の精密な特定が難しいという事情もある。

しかし、始まりと終わりは表裏一体のものである。会津若松城の始まりにも、多くの物語が語られているが、その一端を覗いてみたい。

会津若松の歴史

「あいづ」という地名が史料の中で取り上げられるのは、記紀神話にまで遡る。『古事記』で語られるのは「北国経略に向かった大彦命《おおひこのみこと》（『日本書紀』では大毘古命《おおひこのみこと》）が、東国経略に向かった息子の建沼河別命《たけぬなかわわけのみこと》（『日本書紀』では武渟《たけぬな》川別《かわわけ》）が、その結果としてある土地で会った。その土地を「相津」と言う」というものである。このことが記紀神話に書かれていることは、辺境経略に重要な土地であったことを証明するが、同時に会津という場所が、古代から東国と北国を結ぶ交通の要衝であったことをも意味する。それは考古学的な観点からも証明され、縄文早期から新潟方面と北関東方面の文化の流入が確認される。

平安時代の初期においては、南都六宗の一つ、法相宗の学僧である徳一《とくいつ》が会津に現れ、仏教文化が根付いていたことを示す。徳一は、伝教大師最澄や弘法大師空海と同時代の僧侶で、両人の著作にもたびたび記録に現れる高僧である。

会津は、平安時代後期の動乱の時代には、慧日寺《えにちじ》（現在の後継の寺院は恵日寺であるが、混乱を避けるため史跡名称である慧日寺を使用する。）の支配下にあったとされる。慧日寺とは、前述の徳一ゆかりの寺院で、この仏教勢力の権力は、越後の城氏と結んで世俗支配にも及んでいた。だが、慧日寺と友好関係にあった越後の城氏が、木曽義仲との戦争で没落したことにより、慧日寺の勢力も弱体化を余儀なくされ、会津は平泉の奥州藤原氏の支配下となる。

その奥州藤原氏も、会津を支配してから一〇年足らずで源頼朝により滅ぼされる。その後紆余曲折を経て、会津は三浦氏の一族である佐原氏の支配するところとなった。この佐原氏がやがて蘆名氏（蘆名氏は、芦名あるいは葦名とも書かれるが、混乱を避けるため本稿では書名等を除き蘆名で統一する。）となり、伊達政宗に滅ぼされるまでの約四〇〇年間、会津の領主となる。

会津若松城の築城年代について詳しいことはわかっていないが、『新編会津風土記』によれば至徳元年（一三八四）に蘆名直盛が築城したとされ、多くの書籍がこの記述に倣っており定説となっていると言ってよい。ただ、周辺史料からそれよりも古いことが指摘されており、『会津四家合考』等で疑問を呈されている。

史跡慧日寺金堂（公財）福島県観光物産交流協会提供

伊達政宗が会津を豊臣秀吉により没収された後は、天正一八年（一五九〇）に蒲生氏郷《がもううじさと》、慶長三年（一五九八）に上杉景勝《うえすぎかげかつ》、慶長八年（一六〇一）に蒲生秀行《がもうひでゆき》、寛永四年（一六二七）に加藤嘉明《かとうよしあき》が入り、次いで江戸幕府第二代将軍徳川秀忠の庶子である保科正之が入部して、幕末まで続く。戊辰戦争においては、新政府軍に最も頑強に抵抗した勢力の一つである会津藩の本拠地として苛烈な攻撃を受け、戊辰戦争後、傾いた天守は解体された。現在の天守は昭和四〇年（一九六五）に鉄筋コンクリートで外観復元されたものである。

『会津鑑』にみる築城伝説

「会津領主蘆名氏が会津支配の拠点を決めるとき、夢に狐が現れ現在の鶴ヶ城の地に縄張りを示した」と、会津若松城について、現在ではこのような話が伝わっている。しかし、この出典は判然としない。会津地方の地誌、歴史書には、『蘆名家記』『会津風土記』『新編会津風土記』

明治７年(1874)の会津若松城
国立公文書館蔵　附 A00015100-003

『会津四家合考』『会津旧事雑考』『檜原軍記』等、多くの記録を認めるが、この築城に関する伝説に関する記述はない。

比較的、近い伝説を記載しているのが『会津鑑』である。『会津鑑』は、会津藩士高嶺慶忠《たかみねよしただ》によって編纂された、私撰の地誌である。全部で百巻と伝わるが、藩による検閲の結果、削除されたと思われる部分もあり、全巻は現存していない。高嶺家は、石高一五〇石、祖先は会津藩藩祖保科正之に医を以て召し抱えられたという。高嶺慶忠は、元文二年（一七三七）の生まれで、寛政年間（一七八九～一八〇一）の頃にこの書を作成して藩庁に差し出した。

しかし、会津若松城の築城については、『会津鑑』でも、前述した至徳元年（一三八四）の記述をはじめ、いくつかの記録を同時に載せている。この伝説も、その中の一つである。なお、出典は「蘆名由来記」という書物である旨が書かれている。

この伝説の内容を以下に記す。（句読点、記号、括弧は筆者）

承久二年正月二日の夜、義連（佐原義連、生没年不詳）の夢に、十四、五歳の童子、光を放て中天に立って、歌詠みして曰、

まれ人の　末を守らん　稲荷神　いつかは城に　我ぞ住たき

義連夢中に返して曰、

まれ人の　末を守らは　稲荷神　社を城に　我ぞ築かん

童子、又謂らく「先つ、嫡男輝盛には、是より艮（うしとら……北東の方角のこと）に猪苗代とて清き山林あり。ここに城を築居らしむべし。次男為盛には、子（ね……北の方角のこと）の方に濱崎とて清き川嶋あり。三男為連には、是又、艮の方に小田山とて清き丘林あり。各是に城スすべし。我其地にしるべなすべし。」と見て、夢さめ、又明朝見れば、夜中ふりたる雪の上に狐の足跡あり。すなわち執権新木新左衛門、其外供人数人召具して、其の跡を見るに、又五色の雲出て白旗天にひるがへり、小田の森に下る。義連これを見て歌詠みて云、

あしあとに神の教の幡を見る　此白旗ぞ國土安全

すなわち其の告の如く城を築き各是に居しむ。猪苗代を亀ケ城、濱崎を間の城、小田山を鶴ケ城と号す。

これを現代語訳すると、次のようになる。

承久二年一月二日、佐原義連の夢に、十四、五歳の童子が現れ、光を出しながら空中に浮かんでいた。その童子が佐原義連に対して、歌を詠んだのには、

鎌倉から来た客人である佐原義連の子々孫々を守護する稲荷神であるが、いつかは城に住みたいものである。

佐原義連が、返歌したのには、

鎌倉から来た客人である我々を守ってくれる稲荷神のために、神社を城に築きます。

その童子がまた言うには、「まず、長男の輝盛には北東にある猪苗代という清らかな山林のある所に城を築いて住まわせなさい。次男の為盛には、北にある濱﨑という清らかな川のあるところに、三男の為連には、北東の方角の小田山という清らかな丘林のあるところに、それぞれ城を築いて住まわせなさい。私はその案内をしましょう。」との夢を見て目が覚め、次の日の朝見ると、夜中に降った雪の上に狐の足跡がある。重臣の新木新左衛門やその他家来を数人集めてその足跡を見ていると、五色の雲が出てきてそこから白旗が翻って小田の森に落ちた。佐原義連がそれを見て歌を詠んでいうには、

稲荷神の使いである狐の足跡があって、さらに神様のお告げの白い旗を見た。この白い旗こそが、我々の領地の安全を保障するものである。

そして、夢のお告げのとおりに城を築いて、各人を住まわせた。猪苗代の城を亀ケ城、濱﨑の城を間の城、小田山の城を鶴ケ城と名付けた。

もちろん、この伝説をそのまま信じることはできない。

承久二年（一二二〇）正月二日というから、承久の乱が起こる前年のことである。信じることのできない理由の一つ目として、この時期の「城」という単語は、多賀城（宮城県多賀城市）や水城（福岡県太宰府市・大野城市・春日市）等の限定的な使用例にとどまり、武士の館に「城」という一般的呼称が使われたとは考えにくい。またもう一つの理由

として、佐原氏の会津支配の時期を検討すると、佐原氏は宝治合戦（宝治元年（一二四七））頃に北条氏との関係の中で支配権を得ていったものと考えられ、承久二年という時期はいささか早すぎるように思われる。なお、宝治合戦は、執権北条氏と鎌倉幕府の有力御家人であった三浦氏との権力争いで起こった戦争であり、執権北条氏が勝利して鎌倉幕府内での権力基盤を確実なものとした。佐原氏は三浦一族だが、この時は執権北条氏に味方している。

また、この史料では、会津若松城の別称としての「鶴ケ城」の名称の由来が述べられているが、古記録において、「鶴ケ城」の名前はほとんど出てこない。福島県会津坂下町の、南北朝時代から戦国時代にかけての史料である「塔寺八幡宮長帳」（『会津坂下町史』文化編）では、「小高木館」「御館」と称せられ、「鶴ケ城」とは呼称されない。蒲生氏郷が改築させた際に「鶴ヶ城」と呼称させたともいう。

そう考えると、この狐の築城伝説の成立年代を、伝説そのままの承久年間（一二一九～一二二二）あるいはその付近の年代と考えることはできない。ならば、この狐の築城伝説が成立した目的を考えねばならない。そのためにも、伝説の中の要素を紐解いていく必要があるだろう。

伝説の関連としての仏教文化

前述したように、会津地域には古来より仏教文化が根付いている。そのためか、『会津鑑』の伝説について、仏教の影響が色濃く見られる。

それは、「童子」「五色の雲」という部分である。「童子」は仏教用語としても用いられるもので、仏菩薩の供をするものの意味合いがある。文脈から考えるに、稲荷神あるいはその使いとして伝説に登場しているので、仏教的な意味として考えるべきであろう。「五色の雲」についても、これは気象現象の一つである彩雲のこととみられ、来迎図

（阿弥陀如来が極楽から死者を迎えに来た場面の図）に描かれるなど、仏教とのかかわりは深い。

この「五色の雲」の記述のある伝説は、会津地方には数多い。そのジャンルも、東山温泉（福島県会津若松市）や熱塩温泉（福島県喜多方市）の発見説話、八幡太郎義家の伝説、悲恋伝説、驕奢を戒める説話と多岐にわたる。これは、会津という土地に仏教文化が着実に根付き、生活の一部となっていたことを示すもので、そのことが狐の築城伝説にも現れているものといえよう。

また、白旗が落ちた部分についても、仏教文化との関連性を考えることもできる。

前述の『会津鑑』にある狐の築城伝説では、小田の森に白旗が落ちたことを以て、佐原義連が神意を感得したことが記されている。佐原義連の出身である相模三浦氏は桓武平氏の家柄であり、源氏ではない。もし佐原義連に神仏の加護の印としての白旗が下されるならば、それは源氏の氏神が家臣に下すような意味になる。ならば下すべきは八幡宮をはじめとする源氏の氏神であるべきであろう。

それにもかかわらず、源氏とのつながりの比較的薄い稲荷神の神託で白旗が落ちたことは、源氏の旗印以外の意味を考えなければならない。とは言え、『日本書紀』『常陸国風土記』に記されている降伏の意味のそれでもなければ、古代中国における服忌の意味のものでもないだろう。

この伝説に類似の伝説は、鎌倉時代の仏僧である法然の伝記に所載されている。例えば、坂内直頼（生没年不詳）の著した、延宝二年（一六七四）刊行の『山城四季物語』（『民間風俗年中行事』）では、この史料の（一月）「廿五日浄土宗四箇の本寺にて法然忌の事」に書かれている、法然上人の出生時の伝説にある。内容を類似部分のみ書くと、「法然の母親が法然を出産する際に、紫雲がたなびき、白旗が二流降りくだり、椋の木にかかった」とするものである。

ここで使われている白旗の意味は、『会津鑑』における白旗の意味と同じ、神仏からの祝福である。この伝説は、鎌

法然上人行状画図（江戸時代）　国立公文書館蔵

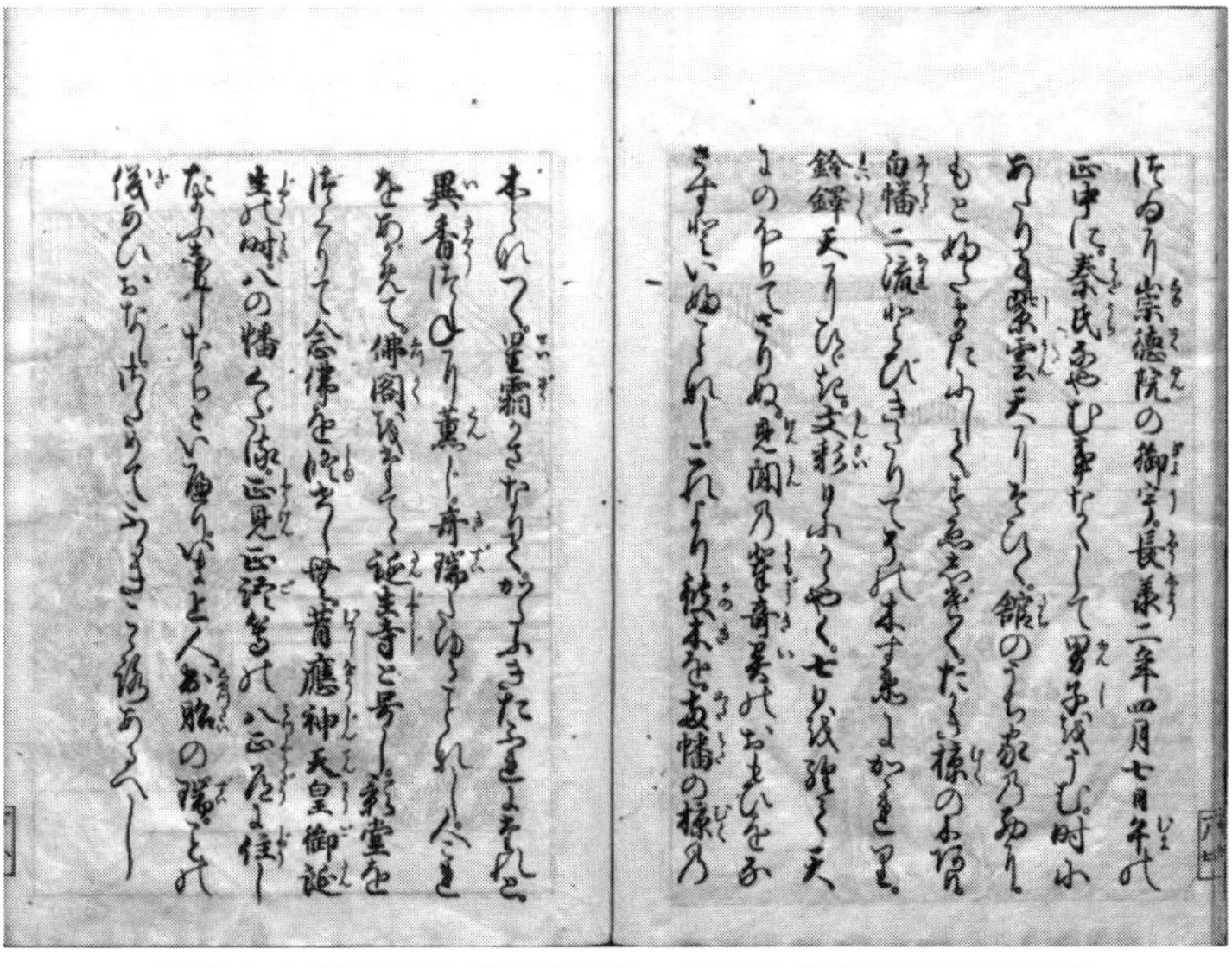

法然上人行状画図（江戸時代）　国立公文書館蔵 192-0548

倉時代後期に編纂された『法然上人行状絵図』(『法然上人絵伝』)にもあることから、浄土宗において一般的な伝説であると思われる。白旗に関する類似点を考えると、この伝説が会津に移入されたとみるのが自然であろう。

他地域からの築城伝説の流入

この伝説では、稲荷神が重要な役割を果たしている。稲荷神は、佐原義連と並ぶもう一方の主人公であることはもちろんだが、稲荷神が築城の土地を選定するという、築城伝説においては、オーソドックスなパターンを踏襲していることである。

このような、怪異によって城地を導かれる行為は、各地に伝説として存在する。

館林城(群馬県館林市)では、国人領主がいじめられていた子狐を助ける。その後の夜、子狐を助けたことに対し礼をする稲荷神の使いから、館林城の築城を勧められる。その土地へ行くと、狐が尾を曳いて縄張りを教えてくれる。

前橋城(群馬県前橋市)では、太田道灌が城の縄張りを考えていた際に、赤い尾の亀が現れ、太田道灌の前で尾を引きずり、城の縄張りを示す。

新発田《しばた》城(新潟県新発田市)では、新発田城の築城を命じられた家臣の夢の中に、稲荷神の使いである狐が現れ、雪の上に尾を曳いて城の縄張りを示す。

このような伝説の土台として考えられるのは、中国の古典『捜神記《そうじんき》』であろう。この書物の中に、五胡十六国時代(三〇四〜四三九)の武将である劉淵《りゅうえん》(二五一?〜三一〇)が、城壁の建設に苦慮していた際に、蛇の妖怪に設計をしてもらうという伝説が載せられている。

また、稲荷神が城地を示す話の類似としては、『奥羽永慶軍記《おううえいけいぐんき》』の中に、出羽小野寺氏が仙北郡《せんぼくぐん》(秋田県)を所領とする由来の中で述べられている。『奥羽永慶軍記』は、秋田雄勝郡の戸部正直の著で、元禄一一年（一六九八）の序がある。この書では、「子狐が五条河原（京都府京都市）でいじめられているところを、小野寺家の先祖が解放してやり、その後に夢に出た稲荷神から天皇の病を治す薬をもらって、褒美として仙北郡をもらうように促される」という物語が書かれている。出典は鮭延《さけのべ》（山形県真室川町《まむろがわまち》）の小野寺氏の末裔の持つ書物からであったという。

さて、このように類似している伝説は数多くあるが、夢の

館林城跡碑　館林市役所提供

館林城土橋門（復元）　館林市役所提供

中に稲荷神が出現する部分は、館林城の伝説及び小野寺氏の伝説に、雪の上に足跡があった部分は、新発田城の伝説に影響を受けているとみていいだろう。会津からそれぞれの地域に伝播したと考える向きもあろうが、伝説の一部分だけが伝播したと考えるよりも、異なる複数の伝説が会津地域で混ざったと考えるほうが自然であると考える。古来より会津は交通の要衝であったが、それは情報の集積地であったということでもある。この『会津鑑』の伝説は、館林城の伝説及び新発田城の伝説、『奥羽永慶軍記』の小野寺氏の伝説との複合であると考えるべきであろう。

伝説の改変

会津の、伝説の改変を行う土壌を確認しておきたい。

『会津鑑』の伝説にも登場する猪苗代城（福島県猪苗代町）には、有名な伝説がある。『老媼茶話《ろうおうさわ》』にある「猪苗代の城化物」という伝説である。『老媼茶話』は、会津藩士三坂春編《みさかはるよし》（宝永元年（一七〇四）～明和二年（一七六五））の撰と伝えられ、寛保二年（一七四二）の序がある。

「猪苗代の城化物」の内容は、加藤氏の領有時に、「猪苗代城の城代の武士が山に住む妖怪大むじなに呪われて死ぬ」という物語であるが、面白い点がある。その大むじなは、自分のことを「猪苗代の亀姫」と名乗り、「姫路のおさかべ姫」と並列にして名乗っている。これは、すでに会津地方に姫路城（兵庫県姫路市）の伝説が伝わっていることを示すが、それは、同書中に「播州姫路城」とのタイトルであるので驚くにはあたらない。しかし、伝承中において、猪苗代に住む妖怪に「姫路のおさかべ姫」と口走らせたというのは、明らかに伝説の改変か創造であると考えていいだろう。なぜなら、猪苗代地域において自然発生的に口承で伝えられた伝説であれば、最初の段階で「姫路のおさかべ姫」が入っているとは考えられない。また、「播州姫路城」の伝説の伝播後に誰かが作り出した伝説であれば、

「姫路のおさかべ姫」「猪苗代の亀姫」が最初の段階で並列であってもおかしくないが、「播州姫路城」の物語は姫路城を大改修（慶長六年（一六〇一）〜慶長一四年（一六〇九））した後の話なので、池田輝政（永禄七年（一五六五）〜慶長一八年（一六一三））の治世の後に意図的に作られた新しい伝説となる。いずれにせよ、会津の人々が想像力を持って伝説に向き合っていたことがわかる。

沼沢湖（公財）福島県観光物産交流協会

もう一つ例を挙げよう。佐原義連は、『会津鑑』の伝説でも登場していたが、豪勇名高い人物として他の伝説にも登場する。『葦名家由緒考證』では、佐原義連が会津を領する前段として、その武功を述べるが、その中に佐原義連による毒蛇討伐伝説が所載されている。『葦名家由緒考證』は大正八年（一九一九）の刊行であるが、会津極楽寺（福島県会津若松市）にある「葦名家由緒」という史料が元となっている。「葦名家由緒」は寛永五年（一六二八）の作とされる。

『葦名家由緒考證』の毒蛇討伐伝説は、次のようなものである。

常州赤沼に毒蛇がいて、年々住民を困らせているのを当時の将軍が聞き及び、佐原義連に討伐を命じた。佐原義連は討伐に向かったが、最初の遭遇では退治に失敗した。佐原義連は林の中に稲荷社を見つけ、討伐の成功を祈り、今一度毒蛇と戦って降伏させた。

このような話である。似たような伝説が会津地域の沼沢湖〔福島県金山町〕に伝わっており、そこでも同様に佐原義連が大蛇を退治している。もし、沼沢湖の伝説が先にあったとすれば、会津極楽寺の所伝で、わざわざ場所の設定を常州〔茨城県〕に求める必要性は皆無に等しい。ならば、会津極楽寺の伝説が先にあり、その伝説を聞いた何者かが、後に地元用にアレンジして口承を伝えていったと考えるべきであろう。

この二つの事例から考えられることは、会津の人々は、他地域の伝説を入手したのちに、自地域の伝説として昇華していったということであり、そのような土台があったということである。

このことは、前述の狐の築城伝説をはじめとする種々の伝説を複合して、新たな伝説に昇華させた可能性を示すものであると言えよう。

会津藩の公式見解とならなかった築城伝説

この狐の築城伝説の発生について整理したい。

ここまで、他地域の伝説と会津若松城の狐築城伝説との比較検討をしてきた。表には、会津若松城に関する主な事項と、本稿で使用した主な資料をまとめたので、参考としてほしい。太字で強調した部分が、『会津鑑』の狐の築城伝説に影響を及ぼしたと考えられる史料である。

この『会津鑑』の狐の築城伝説は、各地域の狐の築城伝説と、仏教関係の伝説のハイブリッドである可能性が高い。狐の伝説は、館林城〔『館林盛衰記』〕、新発田城、『奥羽永慶軍記』等からの影響がみられる。仏教文化からの影響としては、使用されている用語や「白旗」の扱いが類似していることが見て取れる。

さて、この狐の築城伝説によって得をするのは誰かと言えば、それは支配者たる城主でしかない。城が神意によって築かれたものであるということは、人知を超えた何かを期待できるということだからである。特に、蘆名氏にとっては、直系の先祖が神託を受けたわけだから、神のご加護がある一族として喧伝できることを意味し、宣伝としての価値は大きい。この、一族に対する吉祥が歴史として認識され宣伝されていくことは、実際に他家では行われている。例えば薩摩（鹿児島県）の島津家では、朝鮮出兵における泗川《しせん》の戦い（慶長三年（一五九八））の勝利に関連して、狐の出現による神々の加護を宣伝し、史実として伝え、時代とともにその意味を読み替えていっている。

しかし、蘆名時代のことをまとめた史料である『蘆名家記』『葦名家由緒』いずれにおいても、同様の伝説を記載していない。自分たちの有利になる伝説を蘆名家が積極的に利用しないということは考えにくく、このことは蘆名氏の支配時代から、寛永五年（一六二八）までは、狐の築城伝説が存在しない状況証拠になるであろう。また、傍証として、兵学者の山鹿素行《やまがそこう》（元和八年（一六二二）～貞享二年（一六八五））が著した『武家事紀』には、「若松城」の項が立てられているが、この狐の築城伝説は書かれていない。「館林城」の項においては、前述の狐の築城伝説が載せられているので、編纂方針として伝説を載せなかったとも考えにくい。『武家事紀』は延宝元年（一六七三）の序文があるが、これもまた、江戸時代前期にこの伝説がないことの証左となると考える。

寛政年間（一七八九～一八〇一）の『会津鑑』には、すでにこの狐の築城伝説が記載されているのだから、寛永五年（一六二八）から寛政年間のおよそ一五〇年の間にこの伝説は成立したと考えるのが妥当だろう。この狐の築城伝説が各伝説の複合がなされた上での会津地域でのアレンジと考えると、その期間は、各類似伝説が流布する時期と符合している。この一五〇年間の時期は、妖怪伝説が流布していく期間とも重なっている。近世文学における転換点は一七六〇年代と言われる。安永年間（一七七二～一七八一）には、妖怪話が民間伝承から庶民化したとされ、急速に広まっていった。そのような背景もあり、多くの伝説が流入する中で、各伝説の複合がなされたと考えてもおかしくはない。

表　会津若松城の狐の築城伝説関連年表

時代	和暦	西暦	事項	備考
古墳		四世紀頃	『捜神記』成る。	中国の志怪小説。蛇の築城伝説を載せる。
鎌倉	承久二年	一二二〇	佐原義連（蘆名家先祖）が稲荷神の夢を見たとされる。	『会津鑑』
	宝治元年	一二四七	宝治合戦起こり、佐原氏は北条方に味方する。	この後、佐原氏が会津に勢力を広げる。
		一四世紀前半	『法然上人行状絵図（法然上人絵伝）』成る。	
南北朝	至徳元年	一三八四	黒川城（後の会津若松城）できたとされる。	『新編会津風土記』ほか
安土桃山	天正一七年	一五八九	戦国大名蘆名家、伊達政宗に滅ぼされる。	
	天正一八年	一五九〇	蒲生氏郷、会津に入部し、地名を黒川から若松に改め、会津若松城を近世城郭に改築する。	
		一五九〇以降	『蘆名家記』成る。	
	慶長三年	一五九八	上杉景勝、会津に入部する。	
	慶長三年	一五九八	新発田城の建設始まる。	新発田城の狐の築城伝説はこれ以降。
	慶長六年	一六〇一	蒲生秀行、会津に入部する。	
	寛永四年	一六二七	加藤嘉明、会津に入部する。	

江戸	寛永五年	一六二八	『葦名家由緒』成る。	会津極楽寺所蔵蘆名家の由緒、佐原義連の蛇退治伝説を載せ。
	寛永二〇年	一六四三	保科正之、会津に入部する。	会津松平藩の始まり。
	承応三年	一六五四	新発田城できる。	
	寛文二年	一六六二	『会津四家合考』成る。	
	寛文六年	一六六六	『会津風土記』成る。	会津藩の藩撰地誌。
	延宝元年	一六七三	『武家事紀』成る。	館林城の狐の築城伝説が掲載される。会津若松城の項に伝説の記事はない。
	元禄一一年	一六九八	『奥羽永慶軍記』成る。	出羽小野寺家が狐に導かれた記事がある。
	宝永四年	一七〇七	『館林盛衰記』成る。	館林城の狐の築城伝説を載せる。
	寛保二年	一七四二	『老媼茶話』成る。	猪苗代城の大むじな伝説を載せる。
	寛政年間	一七八九～一八〇一	『会津鑑』成る。	会津若松城の狐の築城伝説を載せる。
	寛政五年	一七九三	会津藩の藩政改革成る。	
	文化六年	一八〇六	『新編会津風土記』成る。	会津藩の藩撰地誌。
明治	明治元年	一八六八	会津若松城、戊辰戦争で落城する。	
昭和	昭和四〇年	一九六五	会津若松城天守、復元される。	

そして、会津藩の地誌として文化六年（一八〇六）に編まれたのが、『新編会津風土記』である。いわば会津藩の地誌の集大成ともいえる書物であるが、会津若松城の起源については、現在の通説と同じ至徳元年（一三八四）説を採用している。そして、狐の築城伝説については、一言も触れられていない。

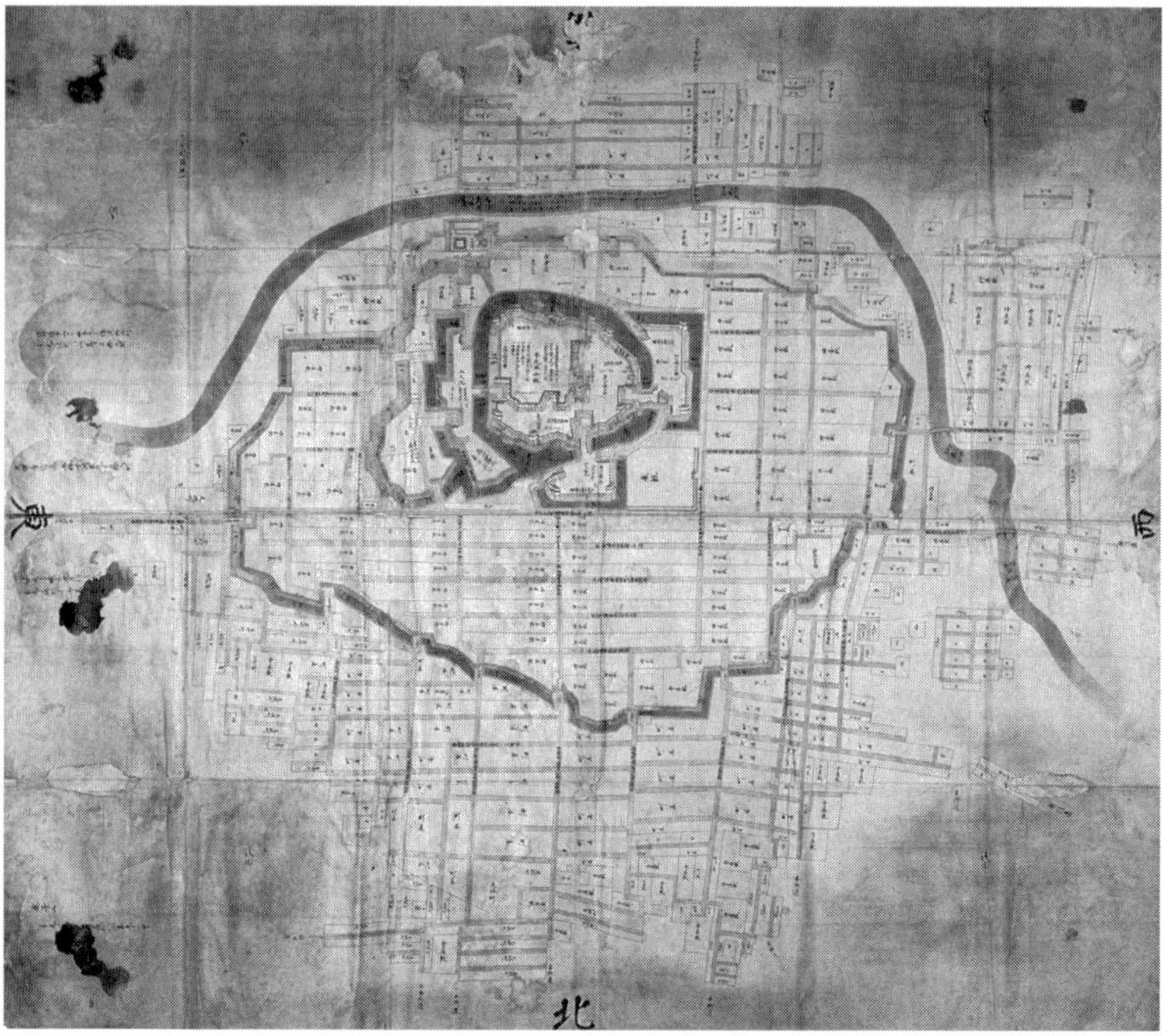

若松正保城絵図　福島県立博物館蔵

江戸時代の地誌・歴史編纂においては、現在からみるとまだ物語や伝説・伝承と、歴史との区別があいまいで、例えば『大日本史』においては、『吾妻鏡』等の信頼できる史書とともに、『源平盛衰記』や『太平記』といった物語も多く史料として採用されている。物語等と歴史との区別がはっきりするのは、明治一〇年代（一八七七～一八八六）以降、重野安繹や久米邦武、リースらの登場を待たねばならない。

よって、江戸時代の書誌編纂において、伝説を省くということは考えにくい。

その意味では、この狐の築城伝説は、『新編会津風土記』に載せる理由に乏しいと考えられたのであろう。『会津鑑』の成立は前述のように寛政年間（一七八九～一八〇一）の頃で、同時期に藩庁に提出している。会津藩では、内容吟味の上、問題ない部分のみを残したことがわかっているので、当然一通り目を通している。

当時の面影の残る堀と石垣　（公財）福島県観光物産交流協会

その上で記載されなかったわけであるから、意図的に外されたものと見るべきである。

類似の伝説のある館林城では、官撰の歴史書である『館林記』『館林盛衰記』に狐の築城伝説が記載されている。それらの書物が編まれた時期は、館林藩は藩政の立て直しが急務であり、城に残る怪異の伝説を積極的に支配に利用していた可能性がある。

しかし、会津藩ではそのような形跡はない。その原因として二点、考えられる。一点目が、会津藩の支配基盤が、文化六年（一八〇六）にはすでに盤石であったことである。『会津鑑』が完成した寛政年間（一七八九〜一八〇一）で、寛永二〇年（一六四三）の藩祖保科正之の入部からすでに約一五〇年が経過している。親藩であることもあり、会津藩は寛永二〇年（一六四三）以後、転封を経験しておらず、支配地域の資料として『会津風土記』が寛文六年（一六六六）に編纂されている。会津藩は天明年間（一七八一〜一七八九）から藩政改革に着手し、寛政五年（一七九三）には成功を収め財政再建がなされている状態であり、もはや伝説の力による権威を必要としなかったことも一因であろう。

二点目としては、やはり『会津鑑』以外の史料から、類似の伝説あるいは関連する伝説が確認できなかったことも原因の一つであると考えられる。前述したように、他史料に類似の伝説が確認できない。また、館林城の伝説のように、「城が攻められた時に狐が援軍として来た」(『関八州古戦録』)という、狐の築城伝説に関連した伝説もないので、取り上げる必要性を感じられなかったのであろう。

生きている伝説として

会津藩の公式見解とはならなかった会津若松城の狐の築城伝説だが、現在まで伝わっているということは、地元の人々に記憶され、愛されている伝説であるということでもある。会津若松城の伝説上の築城年は承久二年(一二二〇)、令和二年(二〇二〇)が八〇〇年の節目に当たる。

この伝説は現在、『鶴ヶ城公式ガイドブック』に載せられている。このことは、この狐の築城伝説が観光都市でもある会津若松の発展のために利用されるということでもあり、いわば時代を超えて館林城等と同様に狐の築城伝説の利用が図られたということとなる。

今後、この狐の築城伝説がいかに語られていくかは、現代における伝説の使用例、変化例として興味深いものとなっていくだろう。

復元天守から城門を望む（公財）福島県観光物産交流協会

【参考文献】

豊田武監修・会津若松市出版会編『会津の歴史』(講談社、一九七二年)
小島一男『会津の歴史伝説―とっておきの50話―』(歴史春秋出版、一九九二年)
田中悟『会津という神話―〈二つの戦後〉をめぐる〈死者の政治学〉―』(ミネルヴァ書房、二〇一〇年)
香川正信『江戸の妖怪革命』(角川学芸出版、二〇一三年)
岩下哲典・「城下町と日本人の心」研究会『城下町と日本人の心性―その表象・思想・近代化―』(岩田書院、二〇一六年)

駿府城

謡の呪いと狐、狸、封の怪

中根　千絵

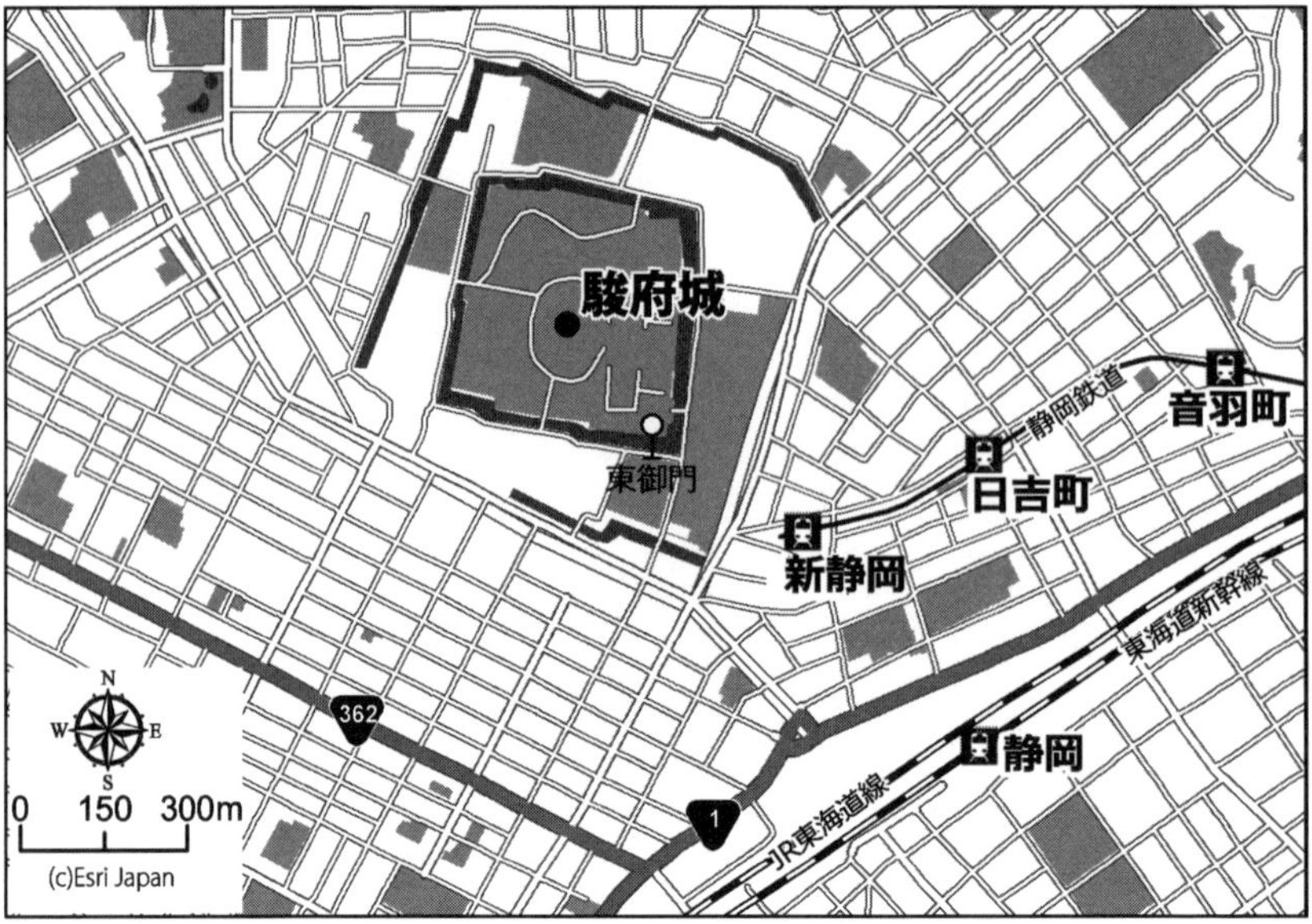

駿府城（駿府城公園）

静岡市葵区駿府城公園一‐一

アクセス　ＪＲ静岡駅から徒歩一五分または「駿府浪漫バス」で「東御門」バス停下車 すぐ

◇駿府城の七不思議（大御所四百年祭公式ホームページ）と伝えられる中に、次のようなものがある。

○朝顔の謡

城内では朝顔の謡を謡うと悪いことが起こるとして、謡うことを禁止していたという。（「本朝諸数　伊豆・駿河・遠江」）

○米蔵の黒狐《くろきつね》

米蔵の黒狐対策をいくらしても狐が蔵に侵入して困った話。

これらの怪異は、もともと、どのようなことを由来として語り始められたのだろう、それは駿府城の歴史と関わっているだろうか、そうした疑問を解くべく、本稿では、その他の駿府城の怪異も合わせ見てみることで、駿府城における怪異の謎に迫ってみることにしたい。

駿府城の歴史

慶長八年（一六〇三）に将軍となった家康は、同一〇年将軍職を秀忠に譲り、同一二年、駿府を退隠の地とさだめ、城の大改修にとりかかった。家康は元和二年（一六一六）四月一七日に亡くなるまで将軍徳川秀忠を後見する大御所として駿府城で権勢をふるった。

本丸堀（筆者撮影）

慶長一三年（一六〇八）に築かれた駿府城は、三重の堀と石垣を巡らし、本丸、二の丸、三の丸が周囲を囲うように構成された輪郭式の城である。五層七重の天守閣は寛永一二年（一六三五）に焼けて失われてしまったが、長大な堀の石垣は宝永や安政の大地震で崩壊するたびに修復された。現在は駿府城公園として、中堀と外堀の一部が残り、二の丸東南角の巽櫓と東御門、内堀の一部が復元され、本丸跡、二の丸跡も見ることができる。

家康の生前、慶長一四年（一六〇九）には家康の十男の頼宣がわずか八歳で駿府藩主として入封し、家康と共に在城したが、家康の死後、元和五年（一六一九）に頼宣が紀州に移封されてからはしばらく城主不在となり、第一次城番時代に入る。寛永元年（一六二四）八月に二代将軍秀忠の三男、忠長が駿府城に入った。しかし、同七年ごろから乱行が目立ったため同八年甲斐甲府へ蟄

石垣刻印入り石（筆者撮影）

巽櫓（筆者撮影）

東御門（筆者撮影）

居、翌九年には上野高崎城に幽閉され、改易となった。このため、慶応四年（一八六八）五月に徳川家達が駿府藩主となって入封するまで、駿府城は、第二次城番時代となり、大身の旗本が駿府城代として、駿府城警備などにあたった。

謡曲「朝顔」の呪い

現代に知られる駿府城の七不思議の一つ、「朝顔の謡を謡うと悪いことが起こる」にはいったい、どのような背景があるのだろうか。慶長期の写本も残されている謡曲「朝顔」の内容をまずは確認しておきたい。この謡曲は、『源氏物語』の「朝顔」がシテ（主役）である。賀茂斎院を退いた朝顔斎院は、光源氏のいとこであり、源氏に求愛されながらも決してなびかない女性であったが、この謡曲では、草木の朝顔の化身として舞を舞う。シテ（主役）「朝顔は晦朔《かいさく》を知らず。蟪蛄《けいこ》は春秋を期せず。かやうにあだなる譬へなれども。よし〳〵それも厭はじや。厭はじや。」この詞章に見られる「朝顔は晦朔を知らず」は、『荘子』に由来する言葉であり、（朝顔の花が朝咲いて昼を待たないでしぼむところから）物の衰えやすいこと、はかないことをたとえていう。朝顔の花については、享保一七年（一七三二）に室鳩巣によって朱子学の立場から書かれた随筆集『駿台雑話』二に、次のように記されている。「あさがほの花　一ときも千とせ経る松にかはらぬこころともがな」これを見る限り、朝顔の花に付託されたイメージは、謡曲「朝顔」の「厭はじや」の文句に続く地謡の「千年の松も終には枝朽ちぬ」に通うものだったことがわかる。謡曲「朝顔」の詞章の典拠には、白居易の詩「放言」「山不要欺毫末　顔子無心羨老彭、松樹千年終是朽　槿花一日自為栄、何須戀世常憂死　亦莫嫌身漫厭生、生去死来都是幻　幻人哀楽繋何情」があるが、この詩は、生死も夢幻のうちにあるといった内容である。この詩句に採られている「槿花一日の栄」は、「槿花一朝」ともいい、政権の衰退を表象する暗喩として機能するものであり、城主がいない時代を長く経験することになった駿府城においてはことさら忌避されたのかもしれない。「朝顔」の謡の禁止は、当時の武家の謡曲の教養と言霊思想の双方を示すものとして興味深い。江戸時代、能楽は、幕府の式楽（公式の儀式に用いる音楽や舞踊）として定められていた。その演目は、武家を寿ぐ文句を有するものが好まれていたといい、そうした選択には儒家が関わっていた可能性が高いという。そうした政治支配を支える能楽の在り方があったからこそ、その裏返しの発想として謡の文句が呪いを生むとの発想も生まれたのだと考えられる。

謡曲「芭蕉」の呪い

駿府城には、謡曲の詞章に関わる怪異譚を他に二つみることができる。徳川家康は、室町幕府の後継者たる源氏長者の証として、観世座を補強したとされ、駿府は能の一大中心地であったとされる。その能に関わる怪異が駿府城内において語られたことの意味は大きい。天保一四年（一八四三）成立の駿河国の地誌百科を記した写本『駿国雑志』には、芭蕉の謡を謡うのを禁止していたという話が載っており、その由来として語られている内容は今川義元の桶狭間合戦に端を発している。『駿国雑志』から内容を要約しておきたい。

国主今川義元が織田信長と国を争い、尾張の鳴海に出陣すべしと軍列を整えたが、このとき、義元は芭蕉の曲を謡ったという。近習の士、松田左膳は、これを聞いて、「ご出陣の門出に「身は古寺の軒の草」とは忌まわしき文句であるから、謡うのをやめて、めでたく出陣してほしい」といさめたが、義元は怒って、「それ勝敗は時の運。どうして謡の文句の吉凶によるだろうか。お前は無用の舌を動かして人の心をくじく不忠の甚だしい者である」とただ一刀のもとに切り捨てて、「必ず信長をお前とおなじようにしてやろう」と言って、気色ばんで出陣した。この戦いは大いに形勢有利に進み、義元は心驕り、諸軍に向かって「先に左膳が兵の士気をくじいたが、私はこれを殺して信長に譬えて、その勢いで出陣し、それ故に、気も強くなって戦うことができ、大いに勝利を得た。惜しむらくは、今日、信長の首を見なかったことよ」と言った。そのとき、不思議なことに、空中に声がして、「よしや思へば、定めなき、世は芭蕉葉の夢のうち」と大音声に謡う声がし、「見よ、今に思い知らせん」と言うかと思えば、忽ちに天かき曇り、突然、大風起こり、砂石を飛ばし、古木折り、降る雨土天を突くがごとく、雷電大いにはためきわたって、それに恐怖しない者はなかった。義元は戦をやめ、甲冑を脱ぎ、幕を垂れて酒宴を開催した。信長公は時分よしと本陣に突撃して、義元を討ち取った。人々は、これを「左膳の霊が行ったことだ」と言い合った。あるいは、「芭蕉を謡えば、左膳の亡魂が現れる」などと噂して、ついに、芭蕉を謡わなくなった。

元和（一六一五〜一六一九）の末、中将頼宣卿がこの城の城主であったとき、「今は世も変われば、芭蕉の謡も忌むことはないだろう」と、初めてこの能を上演したところ、その年に紀州に国替えがあった。ここから大納言忠長卿の領地となった。忠長が城主のとき、この能を催したときに、この年にいわれがあってご番城となった。このことから、いよいよこの芭蕉の謡を止めるようになった。このことを町奉行久松忠次郎某、組同心坂元元右衛門某という者が語ったということだ。

徳川頼宣は、徳川家康の十男で、紀州徳川家の祖となった人物である。常陸国水戸藩を経て、駿河国駿府城の城主になったが、家康死去の三年後、頼宣は紀州に移封となり、駿河藩は一時期、城主不在となった。この話では、城主不在の由縁を「芭蕉」の謡のせいにしているが、現実には、「芭蕉」の演目は、元和以前の慶長一八年（一六一三）三月二九日、慶長一九年（一六一四）四月一五日に駿府城三の丸で上演されている（『能之留帳』）。その後、秀忠三男の忠長（駿河大納言）が駿府城主になるが、寛永八年（一六三一）五月一八日、家光は忠長について、身のふるまいが凶暴で、罪のない家士を数十人手討ちにし、その様子は狂気のようだとして、甲府に蟄居を命じ、翌年、父親である秀忠が没すると、全所領を没収した。忠長は寛永九年（一六三二）一〇月二〇日、高崎に蟄居を命じられたのち、寛永一〇年（一六三三）一二月、享年二八歳で、幕府の命により高崎の大進寺で自刃した。改易の理由には、加藤忠広の改易に関与した（『藩翰譜』）とか、大坂城と畿内五

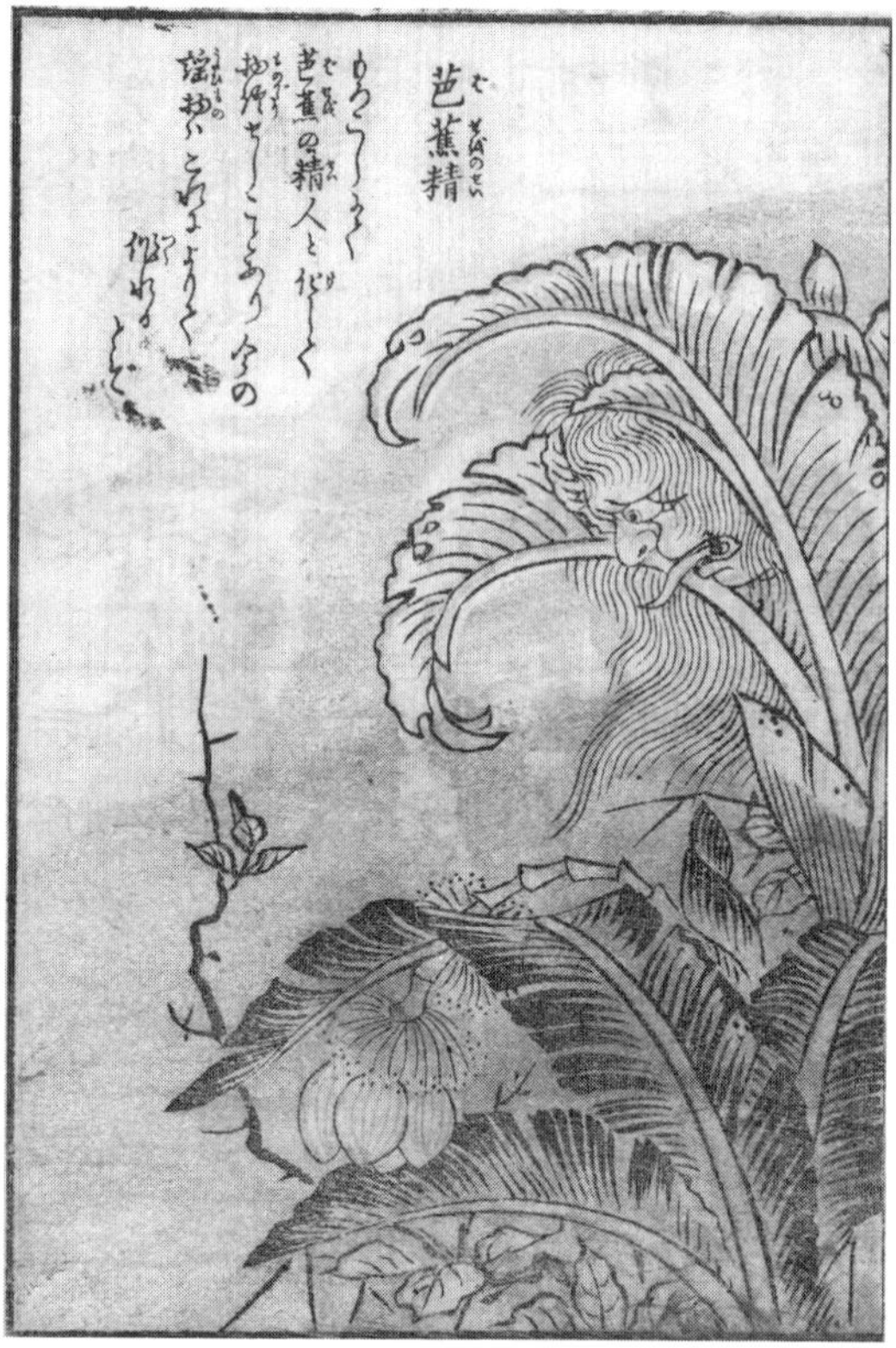

「芭蕉の精」鳥山石燕『今昔百鬼拾遺』
（国立国会図書館デジタルコレクション）

五万石の所領を求めた（『寛永小説』）とするものがあるが、『徳川実紀』に載るように、実際には、家光によって排除されたのではないかと考えられている。

忠長の改易以後は、駿河藩には大名は置かれず城代が配属され、幕府の直轄都市として駿府城代・駿府町奉行が置かれた。この話において、城主の不在を今川義元から続く「芭蕉」の謡の呪いによるものと語っていたのは、城下町の行政と司法を預かっていた町奉行たちであった。この怪異譚は、城主なき城の領民に、城主の代わりとなって城下を預かる者の支配の正当性を示す必要があったところから生まれたものであったのかもしれない。

ところで、謡曲「芭蕉」の内容はどのようなものであったろうか。この謡曲は、金春禅竹が作った花の美しさとは無縁の芭蕉という植物の葉に焦点を合わせて作った名作であり、女性の姿となって現れた芭蕉の精が皓々と輝く月の下で霜露で織られたような葉袖を翻し、「序の舞」を舞うというものである。この怪異譚の中に引用される詞句は曲の中心部分にあたる。その部分を最後の詞章とあわせて引用しておきたい。

クセ（曲の重要な中心部分）「水に近き楼台はまず月を得るなり。陽に向かへる花木はまた春に逢ふこと易きなる。その理もさまざまのげに目の前に面白やな。春過ぎ夏たけ秋来る風の音づれは庭の荻原、まづそよぎそよかかる秋と知らすなり。身は古寺の軒の草。しのぶとすれど古の花はあらしの音にのみ。芭蕉葉のもろくも落つる露の身は置き所なき虫の音の蓬がもとの心の秋とてもなどか変はらん。よしや思へば定めなき。世は芭蕉葉の夢の内に。牡鹿の鳴く音は聞きながら驚ろきあへぬ人心、思ひ入るさの山はあれどただ月ひとり伴ない慣れぬる秋の風の音。おきふし茂き小笹原。しのにものおもひたちまふ。」キリ（最後の部分）「霜の経露の緯こそ弱からし。草の袂もひさかたの、久方の天つ少女の羽衣なれや。これも芭蕉のはそでを返し、返す袂も芭蕉の扇の風茫々とものすごき古寺の庭の浅茅生、女郎花、刈萱。面影うつろふ露の間に山おろし松の風吹き払ひ吹き払ひ花も千草も、散りぢりになれば、芭蕉は破れて残りけり。」

「芭蕉」は、夏は丈高く繁茂し、冬には、あとかたもなく枯れ消えてしまう芭蕉葉の不思議な生死そのものを曲にした能である。「芭蕉」の演目そのものは、大名家で上演される演目として一般的に忌避される演目ではないが、ここでは、「身は古寺の軒の草」が荒れ果てた寺の草のイメージに加え、周防内侍の有名な和歌に見られるような「軒」＝「退き」の掛詞を連想させたのかもしれない。周防内侍の歌とは次のような和歌である。詞書と共に示す。

家を人にはなちてたつとて 柱にかきつけ侍りける

天守台発掘（筆者撮影）

住みわびて我さへ軒のしのぶ草　しのぶかたがたしげき宿かな　（『金葉和歌集』雑　五九二）

この歌に詠まれた旧宅については、『今鏡』「うちぎき第一〇」や『今物語』（「これやその昔の跡と思ふにも忍ぶあはれの絶えぬ宿かな」）、そのほか『無名抄』にも記され、西行や定家もこの歌をふまえた和歌を詠んでいる。詞書の「家を人手に渡す」が「軒のしのぶ草」の表現に投影された和歌であるが、「芭蕉」の「軒の草」の文句にも和歌同様の「退き」の意が連想され、「芭蕉」の能の詞章「身は古寺の軒の草」を不吉なものに思わせたのかもしれない。

この話では、今川義元時代に「芭蕉」の文句を契機として手打ちにされた武士の呪いがこの駿府城に延々ととり憑いていることが記される。それは、徳川将軍家の息子たちが次々とこの城を去っていったことの理由ともなっている。『東海の名城を歩く　静岡編』（吉川弘文館、二〇二〇年）によれば、家康が築いた駿府城の慶長期天守台の下からさらに古い天正時代の天守台が発掘されたとある。発掘上は、家康あるいは中村一氏時代からの駿府の城の存在が明らかになっているが、伝承上は、それより以前の今川義元から地層的に連なっているのも面白いところである。人々の記憶の中では、駿府の城は、義元から連綿と続くものであったのである。

謡曲「杜若」の呪い

さて、謡の詞章をタブーとするもう一つの話も徳川忠長に関わるものである。同じく、『駿国雑志』に載るその話は、謡曲「杜若」にまつわる話である。

忠長卿が駿府の城主であったときに、三河八つ橋の杜若を取り寄せて御殿の庭の池に植えさせた。ある年の三月下旬、雨が降ってすることもなく退屈な日に、杜若の花がさかりだったのをご覧になって、「杜若」の謡を謡った。ちょうどそのとき、年一六歳ばかりの身分の高そうな、たいそうつやっぽくて麗しい女性がかね黒に眉をつけて紫の衣を頭からかぶって、緋の袴着で、妻紅の扇をもって顔を覆い、池のあたりにたたずんでいた。これは見慣れぬ女、なぜここに来たのだろうと不思議に思って、外にでて、「お前は何者だ。変化のものなのか、正直に申せ」というと、女は恥ずかし気に「名乗るのも恐れ多いことですが、私は杜若の精です。久しく八つ橋の名所に住んでいてその名も有名になっています。そうはいうものの、在五中将（業平）の唐衣の歌よりほか、問う人もいません。けれど、今、忠長卿のお庭に植えられて朝夕、御寵愛を蒙っていますのは、わが身にとって光栄なことです。官位も尊くいらっしゃる人がお尋ねくださることは滅多にないことですので、ここに姿を現しました。草木には心がないなぞと思わず聞いてください。常々のお恵みを感謝いたしたく、少し申し上げることがございます。必ず、お捨ておきになりませんように。そもそも忠長卿は、性質が剛強にして、大器であられるものの、日ごろのご所業が悪しきゆえに、臣下は心からお仕えすることなく、ただ君臣の威を違えてはいけないということのみで従っています。悪行が日に日に超過し、臣下も離れ、民もいなくなるときは、国家を滅ぼすだけではなく、最後には、自身の身も亡ぼすことになるでしょう。その兆しはすでに顕われております。嗚呼、たいそう悲しむべく嘆くべきことです。忠長卿、今日よりご所業を改めて、天地共に社稷（国家や宗廟）を保ち、永く富貴を子孫に残してください。『茲に仁を行えば、仁茲に至る』といいます。忠長卿、よくよくお考えください。」と諫めつつ、二三歩行くかと思えば、見えなくなった。忠長卿は、少しもこれを心にかけず、ますます、所業は荒くなっていった。その後、「杜若」を謡うごとに、彼女が顕われて憂えている様子であった。近習の侍がこれを見知り、様々に噂してこの謡を謡わないようにした。果たして、このことがあって、ご番城となった。

三河八つ橋のかきつばた（筆者撮影）

その頃、ご番衆に大久保某というものがいたが、「杜若」を謡ったところ、その池から大音声で、「植をきし昔の宿の杜若、色ばかりこそむかし也けり」と謡う声がした。このことからいよいよ謡曲「杜若」を謡わなくなった。その池のあったところは、今の組頭小屋の庭である。近頃までその杜若は残っていて、花が咲いているときは、合番衆など招請があった。この小屋を杜若小屋などといっていたが、今は、枯れて一本もなくなっていると、府中両替町の魚屋仁兵衛というものが語ったということだ。

この話にも忠長卿の所業の悪さと駿府城の城主がいなくなったことが「杜若」の謡曲の怪異に結びつけて語られて

いる。細川忠利や島津藩江戸家老の残した記録によれば、寛永八年（一六三一）、酒に酔った忠長は、家臣の小浜光隆の子や御伽の坊主を殺害し、傅役の内藤政吉を甲冑姿で追い回し、禿《かむろ》を唐犬に食わせ、腰元の女中に酒を飲ませて責め殺したという。また、三月末には忠長の乱行を恐れた側近が近づかなくなり、彼には幼い二人の子供が仕えるに過ぎなかったなど（『部分旧記』、『後編旧記雑録』、『本光国師日記』、「江戸幕府日記」）とされている。このあたりの忠長の様子は、話中で杜若の精がいさめた状況に合致しており、そのような噂が駿府城下においても流れていたことがうかがわれる。

ここで、能「杜若」について概説しておきたい。この謡曲は、「からころも きつつなれにしつましあれば はるばるきぬる たびをしぞ思ふ」と在原業平に詠まれた杜若の精が、初冠（業平の形見）と衣（高子の后の形見）を身に着けて現れ、艶やかに舞う、代表的な三番目物である。「杜若」の演目そのものは、江戸時代を通じて人気を博した演目である。実際、駿府城においても、「杜若」の演目は、慶長一七年（一六一二）三月二五日、慶長一八年（一六一三）四月五日に駿府城で上演されている（『能之留帳』）。「杜若」の詞章に着目すれば、「植をきし昔の宿の杜若、色ばかりこそむかしなりけり」は、かつて栄えていたものの、今は衰退している様子を現しており、『俳諧類船集』延宝五年（一六七七）の「八橋」の付合語として「住はてぬ身」とあることから、城主がその場所に居つくことのできないイメージが「八橋」「杜若」の語から想起されたとも考えられる。

また、草木の化身が城主の前に現れるというモチーフについては、家康に献上された「謡抄」の「芭蕉」の注釈に芭蕉が女性として男性を誘う怪異譚が出典（「湖海新聞」）として指摘されていることから、謡曲の草木の化身のモチーフが怪異として認識されていたことがうかがわれる。「朝顔」、「芭蕉」、「杜若」という草木の化身が登場する謡曲が怪異譚を形成する中で選ばれたのは、そうした謡曲の教養があった者が作成したことを思わせ、興味深い。

さて、義元の桶狭間の戦いの折から始まった謡曲の詞章の呪いのモチーフは、忠長まで続いて受容されることになった。城郭の怪異がその土地に住まう城主の滅びを地層的に重ねて成立している例である。ここで、駿府の歴史を遡って見ておきたい。

駿府は、駿河国の府中で、長く同国守護今川氏の支配拠点であった。今川氏は東海随一の戦国大名として勢力をふるい、天文二三年（一五五四）には、関東の北条氏、甲斐の武田氏といわゆる「甲相駿三国同盟」を結んで安定していた。しかし、永禄三年（一五六〇）、桶狭間合戦で今川義元が織田信長に討たれ、氏真が今川氏を継ぐと、その勢力は下降していった。永禄一一年（一五六八）、甲斐国武田信玄が「三国同盟」を破り、徳川家康と連携し、挟み撃ちにして今川領に侵入すると、今川氏真は駿府から敗走した。駿府は武田方によって焼き討ちされたあと、武田方の占領下に置かれるものの、翌年、武田方は一時撤退する。しかし、同年末には再び武田勢が駿府を占領し、このあと、天正一〇年（一五八二）に、武田氏が滅亡するまで、駿府は武田氏の支配下にあり続けた。天正三年（一五七五）五月、三河国長篠合戦で、武田氏は、織田・徳川連合軍に大敗することになる。家康は再び遠江を奪回し駿河支配を進め、天正一〇年（一五八二）三月一一日、武田勝頼を天目山に滅ぼし、織田信長から駿河一国を与えられた。天正一〇年に信長が本能寺で倒れたあと、城下町を岡崎・浜松・駿府と移した。最終的に駿府に落ち着いたのは、天正一三年（一五八五）のことである。

現在の静岡県内の中心部に位置する近世駿府城と城下町は、慶長一四年（一六〇九）に完成したと考えられている。駿府は今川氏、武田氏のあと、徳川氏、中村氏などの支配を経て、再度、徳川家康が入部して城と城下町の大改造を行った。今川氏時代の守護館は、この近世駿府城（現在の駿府城公園）の下かその付近に埋まっていると考えられているが、今川氏や武田氏時代の城館の場所や規模については不明である。

一加番稲荷神社（筆者撮影）

駿府城城主の度重なる不在は、その城の歴史上の始まりにその由来が見出されることとなり、今川義元にまで遡って怪異譚として成立することになった。謡曲の呪いの話は、謡曲の詞章の意味合いとかけあわせて作成されており、謡曲を教養とした武家の土壌の中で創られたものと考えられよう。

狐の怪

冒頭に記した現代に伝わる七不思議の一つに狐の話があったが、『駿国雑志』では、駿府の城に住まう「うば狐」の話を語っている。この狐に手拭を与えると、それをかぶって舞うが、声ばかりで姿は見えない、ただ、手拭が空に翻転するといった具合である。手拭を与えるときに、どんなに堅くもっていても、とられてしまうという話が広がり、大久保彦左衛門が試したところ、とられることがなかったという話である。駿府城では、城主なき時代、城を守る役として加番役が定められたが、その守護神として稲荷神社が祀られた。

「駿州府中細見絵図」（一七八九～一八〇〇）には、二の丸御門の外側、加番役の屋敷内に稲荷神社の絵を確認することができる。明治一九年に出版された『大久保武蔵鐙彦左衛門一代記』「播州姫路城老女狐之事」には、類似の話が「姫路城」での話として載せられているので、同話は後世には姫路城の狐の伝説と交錯していったものと考えられるが、どちらの城も狐を城の守護神としていたことがこれらの話の背景にあったものと思われる。

大久保彦左衛門は、永禄三年（一五六〇）生まれで、徳川家康、秀忠、家光の三代将軍に仕え、旗本中で重きをなした人物であり、寛永一六年（一六三九）二月一日に八〇歳で亡くなっている。講談では「天下の御意見番」として親しまれた。この話では、大久保彦左衛門が手に手拭をとられたという感覚があった瞬間に自分の手ごと切ってやろうと思い詰めていたのを駿河城に住まう狐が悟ったのだと記され、その後、「武士の心、剛にして、一筋に直なるさへ、其気、焔になき程に、狐も妖をなしえず。まひて正人君子に於いてをや。本より邪は生に敵せねば、正気にあふては、氷の日にむかふて忽に消るが如し云々。」の文言が付されている。つまり、この話は、武士の心の気により、狐も妖をなせなかった話として記録されていることになる。朱子学的な発想から編集されたこの狐の話は、武家の妖物退治譚の様相を帯びている。

二の丸御門跡（筆者撮影）

狸の怪

こちらは狸のほのぼのとした怪異譚である。

「三つ目入道　駿府城二の丸御門は鉄の板金張りで武者窓の小屋があった。ここには草深同心が番に詰めていた。夜更けると窓をがりがりかじる。窓の外を見ると三つ目入道がたっている。騒々しくて寝られない。いずれも大小をもっているから中へは入ってこない。狸めが腰当が目当てに悪さをするのだ。毎夜なので、腰当を少しずつ残して表へあけておくとでない。二の丸には狐が子狐とひなたぼっこ。」（『駿河の伝説』小山有言編　安川書店、一九四三年）

「大入道」『しんはんあらためて狸のたはむれ』
（足立区立郷土博物館所蔵）

腰当とは、打刀や脇差を太刀のように刃を下にして腰につけるための道具である。歌川国芳が描いた浮世絵「あらためて狸のたはむれ」には、狸の金玉が七福神の頭や袋、あるいは大入道に化けている様子が描かれている。腰当目当てに三つ目入道に化けるとはよくできた話であり、可笑しみのある怪異といえよう。『稲生物怪録絵巻』は、江戸時代中期（一七四七年ころ）、備後に実在した武士、稲生武太夫の体験したとされる話を基にした絵巻だが、そこには、狸の化けた一つ目入道の話が載る。狸が大きな入道に化ける話は一つのパターンとしてあったようである。『稲生物怪録絵巻』において武太夫は怪異に動ずることなく、武家の勇猛さを示すが、駿府城の話においても、誰も三つ目入道の怪異に動じていない。二ノ丸御門は二ノ丸大手門とも呼ばれる門で、二の丸に入るための正面出入口であり、二の丸は、本丸に接して近親者の館が設けられた場所である。そこを守る警護番が怪異に動じないという描き方は、城主なき駿府城を守る武士たちの豪胆さを物語っているのかもしれない。

封の怪

最後にとりあげるのは、家康に関わる怪異譚である。

「家康公が駿府城にいたある日の朝だった。御殿の庭に妙な動物が現れたという。子供のような風体であるが、全身は肉の塊で奇怪この上なく、観ていた者はその姿形に驚きただ騒ぐだけであった。この事件が家康公の耳にも届き、近侍（そばで仕えている侍）が事情を述べ家康公に処置を訪ねた。すると家康公は、「その怪物を人の見ぬ場所に追い出せ」と言った。怪物は城外から更に遠い山奥に追い払われたという。その後に、ある人物がこの話を聞いて残念そうに、「惜しいことをした。またとない仙薬を取り逃がした。それは白沢図に出てくる封という獣に違いない。その肉を食べると力が出て丈夫になり、しかも武勇も優れる。殿様に差し上げぬまでも、公達や群臣に食べさせたかった」と、しきりに口惜しがったという（駿河の伝説）」（大御所四百年祭公式ホームページ）これは、もともと文化七年（一八一〇）跋の秦鼎『一宵話』巻之二「異人」に載っていた話である。ここには、慶長一四年（一六〇九）四月のことと旧記にみえるとある。「神祖、駿河にゐませし御時、或日の朝、御庭に、形は小児の如くにて、肉人ともいふべく、手はありながら、指はなく、指なき手をもて、上を指して立たるものあり。見る人驚き、変化の物ならんと立ちさわげども、いかにとも得とらはで、御庭のさうざう敷なりしから、後には御耳へ入れ、如何に取りはからひ申さんと伺うに、人見ぬ所へ逐出しやれと命ぜらる。やがて御城遠き小山の方へおひやれりとぞ。或人、これを聞て、扨も扨もをしき事かな。左右の人たちの不学から、かかる仙薬を君に奉らざりし。此れは、白沢図に出たる、封といふものなり。此れを食すれば、多力になり、武勇もすぐるるよし。」(『日本随筆大成　第一期　19』(吉川弘文館、一九七六年)

白沢は徳川家康をご祭神とする日光東照宮拝殿杉戸に描かれている神獣であり、麒麟と共に王に仁と徳があれば現れるという瑞獣であり、徳川家康の武家支配に深く関わるものであった。『本草綱目』巻五一「獣部怪類・封」には、『江隣幾雑誌』に盧州の河で得た一人の小児の手に指もなく血もなきが故に恐れて埋めたという逸話が載っているとし、白沢図の封がそれであるとして、封を食べると「多力」になること、「封」は『山海経』に「視肉」と載ることが記されている。また、郭璞注には、肉をあつめた形で牛の肝臓のような形をしていて両目があり、切り取って食べてもまたもとのところに生えてきて尽きることがないと書かれていることも記され

「彭侯」鳥山石燕『今昔百鬼拾遺』
(国立国会図書館デジタルコレクション)

ている。駿府城の「ある人物」による「封」の解説は、明代の李時珍が編んだ『本草綱目』を出典とみなして間違いなかろう。『本草綱目』は本草学の集大成的な本であり、江戸時代初期には広く流通した書物であり、なにより、駿府に将来された書物であった。「封」は、『本草綱目』に千歳の木の精である「彭侯」とも記されており、本話は、武家政権の頂点にたった徳川家康の逸話として駿府城にこそふさわしい怪異譚であったが、同時に、「封」を追い出したあたりに、その後の城主不在を予言する要素もみてとれるのかもしれない。

駿府城の怪異

家康像（筆者撮影）

駿府城には、謡曲をめぐる呪いの怪異と狐、狸をめぐる武勇に関わる怪異とその他、白沢、封に関わる瑞兆ともみえる怪異が存在した。それは、駿府城という場が今川義元以来の記憶を地層のように積み重ねて、二度にわたる城番時代（城主のいない城）を経験していることの証でもあるし、江戸幕府の始祖としての徳川家康が居城した場であったことの証でもあったと思われる。駿府城の怪異は、まさに駿府城の歴史的経緯の中で紡ぎだされてきた怪異譚であったといっていいだろう。

【参考文献】
小山有言編『駿河の伝説』（安川書店、一九四三年）
松本薫『本朝諸数 伊豆・駿河・遠江』（私家版、一九七六年）
『静岡県史 通史編三 近世一』（静岡県、一九九六年）
松岡心平「金春禅竹 恋の永劫回帰」（週刊朝日百科 世界の文学二八『能 狂言 風姿花伝』所収、二〇〇〇年）
川上真理「江戸城町入能の開口・演目と秩序—身分制社会の共同性空間—」（『法政史学』六二、二〇〇四年）
延広由美子「徳川家康の駿府城時代の能について」（東海能楽研究会編『能・狂言における伝承のすがた』所収、風媒社、二〇一九年）
中井均・加藤理文編『東海の名城を歩く 静岡編』（吉川弘文館、二〇二〇年）

＊本章は、科学研究費（基盤研究（B））「十七世紀尾張藩における〈文化としての武〉に関する諸藩対照研究」（課題番号18H00644）による成果の一部です。

浜松城から江戸城へ

徳川将軍家の闇

堤 邦彦

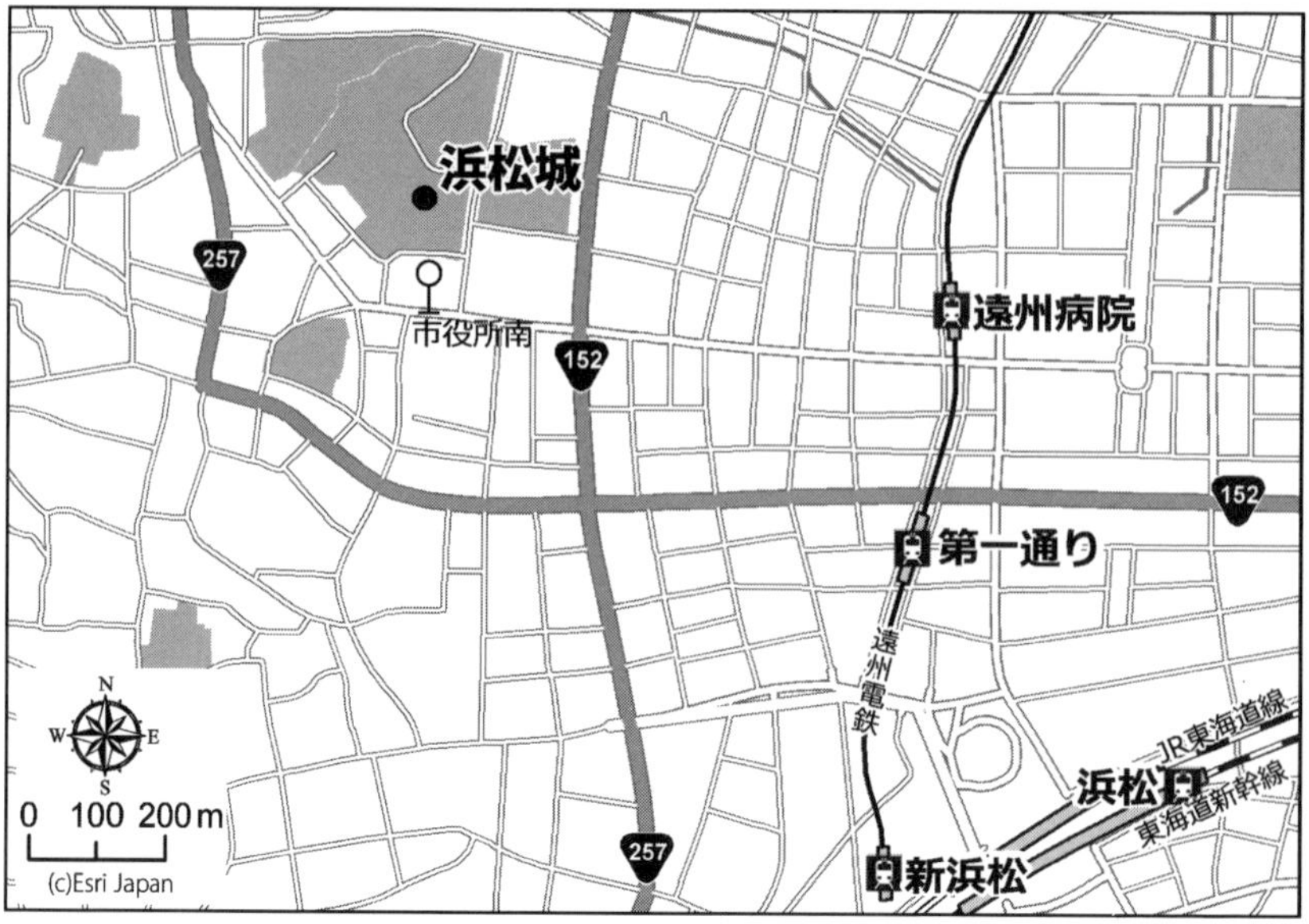

浜松城（浜松城公園）

静岡県浜松市中区元城町一〇〇-一
アクセス　ＪＲ浜松駅から徒歩二〇分または遠鉄バスで
「市役所南」バス停下車　徒歩六分

江戸城（皇居東御苑）

東京都千代田区千代田一-一
アクセス　都営地下鉄・東京メトロ大手町駅から徒歩五分（大手門へ）

江戸城半蔵門

東京都千代田区千代田一番の住居表示をもつ皇居の出入口には九つの門がある。そのうち西側の半蔵門だけは一般の通行を許可しない皇室専用の禁門である。

徳川将軍家の時代にさかのぼれば、そこは江戸城の裏門にあたり、甲州街道に直結する軍事上の重要拠点であった。もしもの時には、将軍を幕府直轄地の甲府に逃すため、半蔵門から外濠沿いの四谷見附（現四ツ谷駅、六七頁下段地図参照）にいたる麹町の周辺は旗本屋敷で固められていた。ことに半蔵門の前には家康に仕えた服部半蔵正成（一五四二〜九六）の「伊賀衆組頭屋敷」が置かれ、配下の伊賀同心とともに、江戸城防衛のシンボリックな存在となっていた。現在の「半蔵門」「伊賀町」（新宿区三栄町）は、いずれも軍事都市江戸の成り立ちに関わる地名である。

皇居半蔵門

服部半蔵は「鬼半蔵」「鎗半蔵」の異名をとった勇猛の士であり、本能寺の変に際して家康の伊賀越え逃避行を支えたエピソードが後世に伝わっている。天正一八年（一五九〇）の家康江戸入府にあたり、与力三〇騎と伊賀同心二〇〇人を従える八〇〇〇石取りの旗本に任ぜられた（『寛政重修諸家譜』）。のちに忍びの者の頭目として語られた半蔵の人物像につながる下地が江戸開府のころに形づくられていく。

一方、華々しい経歴とは裏腹に、徳川家と半蔵のあいだには、歴史の表舞台に出しにくい暗い過去が横たわる。天正七年（一五七九）九月、家康の長男・岡崎三郎信康を自刃に追い込んだ出来事がそれである。

永禄三年（一五六〇）、今川義元が桶狭間で討たれると、家康は今川方より離反して織田信長との同盟に踏み切った。同五年には信長の娘・徳姫（五徳）を信康の正室に迎え、両家の関係は盤石なものになる。長じて岡崎城主となった信康は、長篠の戦いに出陣して勇猛果敢の若武者と評判される。『三河物語』によれば、徳姫は今川の一族である姑の築山殿（家康正室）との折り合いが悪く、父の信長に信康と築山の行状を難ずる一二箇条の手紙を送る。そこには、敵対する武田家との内通まで書かれていたので、信長は家康に嫡男の処断を求めたというのである。

大久保彦左衛門忠教の『三河物語』は徳川方の史観に偏向した書とされ、現代の歴史学から正される点も少なくない。しかし、信康切腹の段は動かし難い歴史的事実であった。天正七年九月一五日、徳川の若き後継者は二〇歳の若さで二俣城において自刃して果てた。この時の介錯役が服部半蔵と天方山城守だった。鬼の半蔵といわれた正成も、さすがに主君の嫡男に刃を向けることができず、天方がかわって首を打ったとされている。遺骸は二俣の清瀧寺に葬られた。

この事件ののち、半蔵正成は信康の死を悼んで出家し、安養西念と名のり麹町清水谷に一宇を建てて若君の菩提を弔った。寺は寛永一一年（一六三四）、江戸城外濠の拡張にともない四谷見附の外側に移され、西念寺の寺号で現在にいたる（新宿区若葉町）。境内には信康の遺髪を納めた供養塔と、半蔵正成の墓が並ぶ。江戸開府前夜の暗鬱な歴史のひとこまを伝える幕府公認の聖跡といえるだろう。

西念寺の信康供養塔（東京都新宿区）

築山殿の祟り

信康の切腹より一カ月ほど前、天正七年の夏の終わりにもうひとつの悲劇が浜松の近郊・佐鳴湖の畔で起こる。家康の正室であった築山殿の誅殺である。

築山殿（旧名「瀬名姫」）は駿河関口氏の出身で今川義元の姪にあたる。幼少期を今川家の人質として過ごした家康は、弘治三年（一五五七）に瀬名姫を正室に迎え、永禄二年（一五五九）に信康が生まれる。桶狭間の戦ののち、一七年ぶりで岡崎城に戻った家康は人質交換により妻子を取り戻し、正室を城内の築山に住まわせた。「築山殿」の名はこれによるものである。

元亀元年（一五七〇）、家康は浜松城に居を変え、元服して岡崎城の主となった信康の周辺に今川ゆかりの築山殿と、永禄一〇年に嫁いだ信長の妹の徳姫が残った。かくして仇敵の間柄の嫁と姑の確執が一二箇条の信長宛訴状へと連鎖していくわけである。その結果、築山母子は家康の命により排除されることになるのである。

天正七年八月の末、信康の命乞いのため岡崎を出立した築山殿は東海道を東に進んだ。佐鳴湖東岸の小藪村（浜松市中区富塚町）まで来たところで、密命を受けた野中三五郎重政、岡本平左衛門時仲（『徳川実紀』は「岡本平右衛門」）に殺害される。検使役は石川太郎左衛門義房が勤め、遺骸を近くの西来院に埋葬した。築山最期の地を今も「御前《ごぜん》谷《だに》」と呼び、血に染まった刀を洗ったという「太刀洗の池」が史跡になっている。

『徳川実紀』巻三は、野中重政より築山誅殺の報告を聞いた家康が、「女の事なればはからひ方も有べきを、心をさなくも討取しか」と嘆く様子に触れている。密かに見逃すことを期待した主君の心を察し得ず、奥方の命を奪った短慮を恥じて、野中重政は領地に引きこもってしまう。

一方、こうした史話の周辺に、無念の最期をとげた築山殿の祟りを語る口碑伝承が生まれ、徳川家臣団のあいだに囁かれていた。高知県立図書館山内文庫蔵の『松平記』（延享四年〈一七四七〉写）は、天文年間から天正七年の築山殿誅殺までをつづる編者不詳の写本である。その一節は、介錯に立ち会った者とその一族の不幸をしるし、奥方の怨

太刀洗の池（浜松医療センター前）

築山殿肖像画（西来院）

霊の発動に言い及ぶ。

カイシヤク申シタル岡本平左衛門、石河太良《ママ》左衛門、皆御罰アタリ或ハカツタイニ成、アルイハ子孫皆キラレナドシテ一人モスナオナルワナシ。後ニ、ツキ山殿ノヲンリヤウトテ、ヲソロシキコト限ナシ。平左衛門子・岡本大八ハ　家康小性ナリシガ盗ヲシテハタモノニアガリ、カレラガ兄弟女子迄モ、ツキ山殿ノヲンリヤウトテ、イロ〳〵フシギノコト共有テ、ミナ罰シ殺シ給フトキコヘシ。

家康の小姓であった岡本の息子・大八が盗みを犯して武士に似つかわしくない磔刑となったのは、築山殿の祟りに違いない、というのである。

　また、寛永・正保（一六二四―四八）以降の成立とされる『三河後風土記』は、祟る婦霊の禍々しさをさらに詳しく記述する。誅殺の土壇場に臨み、築山殿はみずからに刃を向ける岡本・石川の両人を睨みつけ、怨嗟の声を荒げる。

　　汝等カ為ニハ女ナレ共《ドモ》主ナラズヤ、天罰争《イカデ》カ遁レン。吾、怨霊ト成テ三年ノ間ニ憂目ヲ子孫ニ見セン。

（愛知県立図書館蔵本による）

朱に染まる奥方の「最後ノ面相眼《マナ》ザシ」が両人の目の端に残り三日の間消えることがなかった。果たして岡本、石川の血筋は凄まじい災厄にみまわれ、息子の罪科のみならず、娘の身に築山殿が憑いてさまざま口走り、「人ニ切ラル、真似」をして絶命するありさまであった。

　これらの資料の記述に野中重政の名はないものの、同家の一族もまた安穏には居られなかった。天正一四年（一五八六）の家康の駿府入城にともない、蟄居の身の重政は許され、再び家臣となることが決まった。ところが出発の直前に急な病に倒れこの世を去る。そればかりか、跡を継いだ息子の重次も若

西来院「月窟廟」の築山殿供養塔

くして横ざまな死をとげる（神谷昌志『浜松ふしぎ物語』一九九四）。

重次の子の友重が久世大和守の推挙を得て水戸の徳川家に仕官を許されたのは、事件からおよそ一〇〇年の時を経た延宝四年（一六七六）のことであった。

ちょうど同じころ、西来院において延宝六年八月二七日より築山殿の百回忌が三日にわたって盛大に執り行われ、「青池院涼月秋天大姉」の法名を追号している（「旅籠町平右衛門記録」『浜松市史』資料編1所収）。寛政元年（一七八九）序の地誌『遠江国風土記伝』は、築山殿の斬殺以来、濁り水となっていた「血洗池」が「延宝六年の秋、百年のみわさ有しより池水自ら清」らかに変じた霊験を紹介している（巻二「西来院」）。荒ぶる女霊の解脱は、延宝の百回忌を経てようやく仏果を得たと考えられたのであろう。

月窟廟前に配された野中家寄進の石灯籠二基
（左：享保八年、右：文政七年）

もっとも野中家の回向は水戸に移封してからも止むことがなかった。西来院の築山墓所「月窟廟」の前には野中家が奉納した二基の石灯籠と手洗鉢がある。一番古いものは野中三五郎薫羽の名を刻む享保八年（一七二三）の灯籠であり、天明五年（一七八五）に野中薫亨が施主となった手洗鉢も同家の寄進による。年号はいずれも築山殿の百五十回忌、二百回忌に前後する時期に合致しており、後世にいたるまで、先祖の刃に倒れた女霊への畏怖と鎮魂を忘れずにいたことがうかがえる。

築山殿の亡魂にまつわる口伝はこれにとどまらない。家康の重臣で信康事件の折の二俣城主だった大久保忠世《ただよ》は、若殿を救えなかったことを悔やみ、信康の死後一五年を経た文禄三年九月一五日の命日に追腹を切って果てている。その忠世から数えて五代目の当主にあたる。加賀守忠朝《ただとも》は、損壊した築山廟所の修復に奔走した人物である。じつは忠朝の祖父・忠常（忠世の孫）は築山殿の長女・亀姫の娘を妻に迎えている。つまり忠朝は築山殿の玄孫（孫の孫）となるわけである。築山殿と大久保家の血縁関係に由来する深い関わりから生じた口碑であろうか、先に引いた『遠江国風土記伝』西来院の条は末尾に「引馬拾遺」を出典とする築山殿の亡霊譚を忠朝の体験談として引いている。

忠朝が唐津藩の二代藩主に任ぜられたころの出来事である。陽が落ちた城内の庭先にたたずむ妖しい女を目にする。一度ならず女は翌日の夕暮れにも姿をあらわした。高貴の者とみえ、「下には赤き絹、中には黄なる嶋衣を着、上には白絹をうちかけた」装いで忠朝をつくづくと見つめ、影のように消えていった。いかなる女房であろうかと老臣に問うたところ、幼いころ祖父から聞いた「築山御前亡《うし》なはれ給ひし時、着給へる衣」の色あやに寸分違わない。幾世代を経て唐津城内に「此霊《ミタマ》」が化現した事実を目のあたりにして、一同驚きを禁じ得なかったと伝える。

一方、築山怨霊の異聞は、徳川家臣団のあいだに伝播したこれらの口伝のみならず、東海地方に教線をひろげた唱導僧の側からも取り上げられていた。浜松城の奥深くに渦巻く女霊の怪異と鎮魂をめぐり、当代随一の禅宗寺院・遠州可睡斎《かすいさい》の動向に注目してみたい。

浜松城寝殿の蛇体

静岡県袋井市久能の可睡斎は応永年間（一三九〇～一四二八）に恕仲天誾《じょちゅうてんぎん》が開いた曹洞宗の名刹である。天正一一年（一五八三）一一月、家康より三河・遠江・駿河ならびに伊豆の四箇国を束ねる「僧録司《そうろくす》」の寺格を許され、東海屈指の大寺院となった。御前で居眠りをする第十一世の仙麟等膳《せんりんとうぜん》の姿を見た家康が、「睡《ねむ》る可《べ》し」と評した故実によって、可睡斎の寺号を得たという。

さて、徳川家と等膳の深い関係を説く寺側の説話に、浜松時代の家康を悩ませた築山怨霊の因縁話がある。元禄一三年（一七〇〇）の『可睡斎起立并開山中興之由来記』や、紀州徳川家旧蔵の『遠州上久野村万松山可睡斎略旧記』に見える説話の梗概を示そう。

家康が浜松城に居たころのことである。罪科ゆえに斬られた築山殿の怨念が蛇の形を顕し寝所にとぐろを巻いて、昼となく夜となく大神君を悩ませた。諸寺の名僧知識が集められ、いろいろと追善供養の修法を執り行ったが、霊異はいっこうに収まる気配をみせなかった。そこで榊原式部大輔に命じて可睡斎の等膳が呼び寄せられる。家康は、法弟の禅易・宋山とともに登城した和尚を城の奥に招き入れ、じかに上意を告げて言い放った。

其の方、禅法之修力を以て、速やかに悩す所の怪鬼を降伏すべし（原漢文）

等膳たちは、さっそくその晩から寝所に留まり、禅の法儀に力の限りを尽くした。凝り固まった恨みの蛇に対して様々教え諭し、「三帰戒」と仏祖正伝の「菩薩戒之血脈」を授けると、さしもの悪霊もすっかり浄化され、深遠な仏法の有り難さに感謝の言葉を捧げた。「禅師さまのお導きにより積もった罪業と蛇の姿を脱することが叶いました。もはや歪んだ恨みの心は微塵もございませぬ。これよりは天下の太平と御家の繁栄を護り続けます」。

かくして築山殿の悪念はことごとく調伏され、家康の病悩も癒えたので、城中が歓びに包まれた。君臣ともに等膳

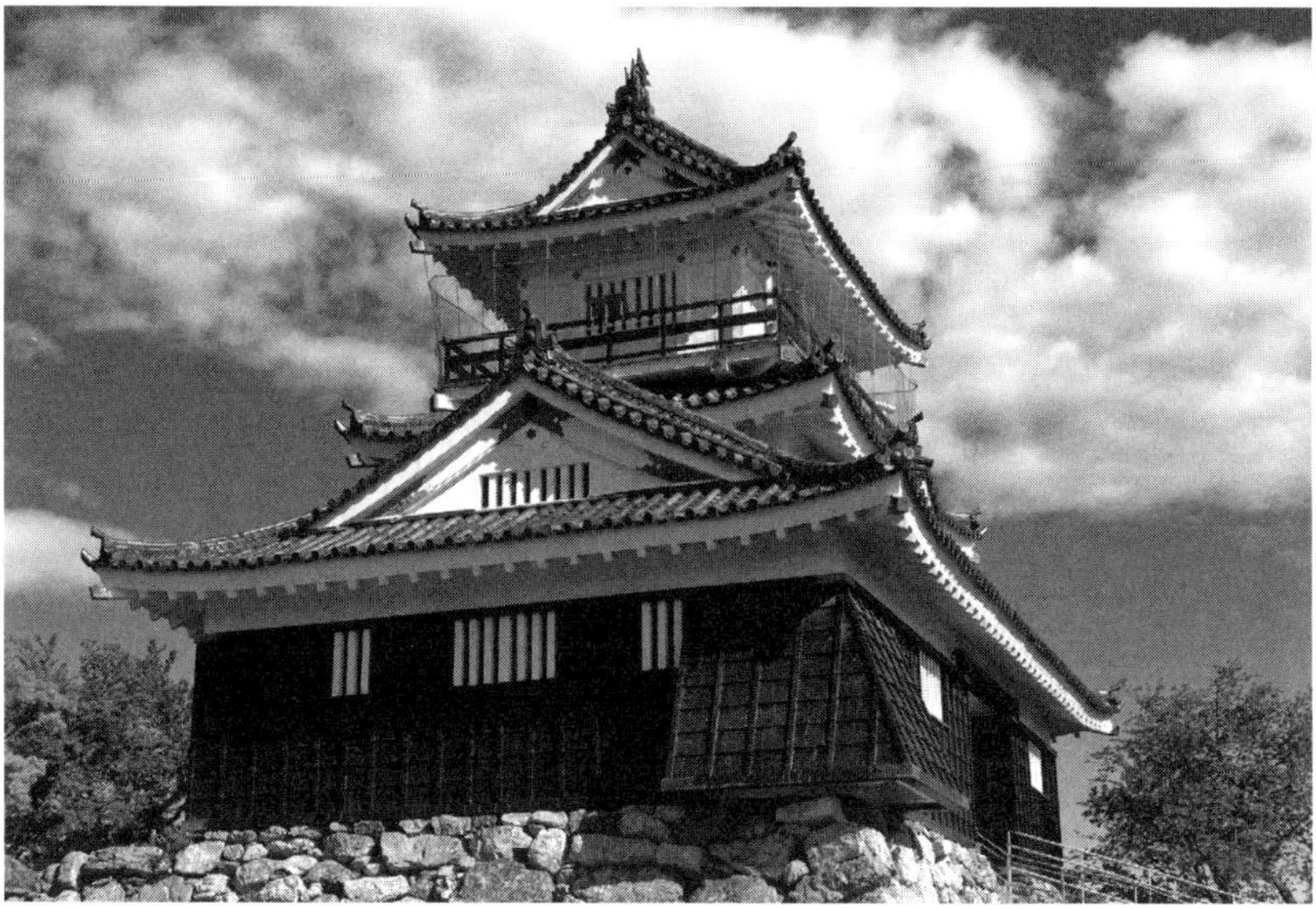

浜松城

N
W
E
S
0 200 400m
(c)Esri Japan
神田
市ケ谷
江戸城
大手町
四ツ谷
首都高速都心環状線
東京
有楽町

の禅定力を称え、可睡斎の評判は世俗に四散したのであった。この一件を機縁に、寺は東海一の総録司となり、曹洞禅の教線をますます伸張させた。可睡斎中興の寺誌へとつながる築山怨霊譚の性格付けがよく分かる大団円といえるだろう。

もっとも曹洞宗全体の布法史に照らしていえば、築山殿の帰伏説話じたいは、決して珍しい話ではない。中世・近世の洞門縁起にしばしば見出せる「神人化度《しんじんけど》」の一類型とみなし得るからだ。村里に蟠踞する異神、悪霊のたぐいが竜蛇の姿で禅僧に救いを求め、血脈を授かる方法によって仏果を得る。和尚の法力に深謝し、寺域や霊泉を献上するという開創縁起は全国の洞門禅林に散在している。

ことに戦国〜近世初頭のものには、大名の家筋に祟る女霊を鎮め、在地領主のを外護を得る話が目につく。『曹洞宗全書』に収められた諸寺院の「寺誌」をひもとくなら、死後に蛇身になった領主青田氏の婦を済度した常陸・松岳寺の摸堂永範、堀江越前守ゆかりの蛇婦を弔い武蔵国の浄牧院を開いた大空玄虎など、多くの類例をかぞえることになる。どれも大檀那との繋がりを説くために編まれた洞門特有の縁起説話とみてよい（堤邦彦『近世説話と禅僧』一九九九）。

そもそも曹洞宗の開祖・道元による永平寺の建立じたいが、大檀那・波多野義重の愛妾をめぐる亡霊帰伏譚（血脈池伝説）にからめて説かれていた。延宝期（一六七三〜八一）以降の近世道元伝にはその傾向が著しく、幽霊済度の景を視覚化した高僧絵伝や幽霊画が作成されている（堤『日本幽霊画紀行』二〇〇〇）。

このような神人化度説話の文脈にそって可睡斎・等膳和尚の築山殿化導説話を読み解くならば、じつにオーソドックスな曹洞系寺院の開創譚の定型がみてとれるだろう。ただし、怨霊得脱の相手が神君家康公の正室である点に、可睡斎縁起の特異な歴史性があるともいえる。

なお、可睡斎縁起の解釈について、鈴木泰山は、これを〈家康自身の心の懊悩を象徴的に扱う説話〉と捉える見方を示している。鈴木は、「菩薩戒の血脈授与」が死霊というより、むしろ生きている信者を対象とした修法である点に着目しながら、築山怨霊譚の眼目を「生ける家康の心意識の済度」とみる。

家康の寝殿に蟠った蛇形というのは、和戦両面に疲れた家康が一人寝殿に横たわった時、その心中に去来する正妻築山を無実の罪と知りながら（中略）暗殺せしめた事の痛恨の情が、蛇形となって彼の心中に蟠踞し、彼をさいなんでいたのである。（「中遠地方仏教教団史稿㈡」『愛知大学総合郷土研究所紀要』一九八二・九）

道元絵伝に描かれた血脈池の景（仙台市林香院蔵）

松平家忠の『家忠日記』によれば、築山殿の生害から数日後の天正七年九月二日に浜松城の家康は「御煩いにて城へは候はず」病の床に臥す状態であったとある。自責の念が神君の心身を蝕んでいたのであろう。そのような中で「生ける家康の宗教的救済」が禅僧の手で執り行われたとの想像は、確かに理にかなう。

かつまた、道元の禅話に「三界唯一心心外無別法」とあるようにすべての現象は人の心から生まれると考える唯識の世界は、禅の基本思想であった。

ただ、その一方において、宗門内より流れ出た築山殿の怨霊譚は、誅殺者の不幸や亡魂の化現といった世俗の怪異に変貌しながら、徳川家臣団の周辺に口碑伝承の水輪を広げていった。説話伝播の全容を鳥瞰していえば、築山殿をめぐる怨霊譚の多様化と民俗怪談への分岐は、教団の内と外の温度差から生じたものかもしれない。怨霊の帰伏に重心をおく唱導の立場と、祟りの禍々しさに瞠目する口碑は、話の目的を違えている。ただし、そうは言っても可睡斎の主導により生成した築山殿の怨霊譚が、後に続く「怪異の物語」の宗教的な基層をなしたことは想像にかたくない。

首級のゆくえ

天正七年、二股城において切腹して果てた信康の首級は、信長の首実検ののちに岡崎に戻され根石原観音堂（現岡崎市）に埋葬された。また浜松城近郊で惨殺された築山殿の首も同じく根石原に晒されたが、やがて石川数正が岡崎城代となると、菅生郷投村（岡崎市若宮町）の祐伝寺境内に「築山殿御霊神明宮」を勧進して帰霊をいつき祀った（『岡崎市史』第七巻）。信康の方は若宮八幡として、これも祭祀された。いずれも信康・築山事件の直後の天正八年（一五八〇）のことという（同書）。

両社が建立された折のいきさつをめぐり、『祐伝寺由来記』は「岡崎之御城にて、三郎様、築山様之御恨之怨霊有《これ》之《あり》と沙汰し（中略）御亡魂之御欝憤《うっぷん》を」鎮めるべく両社が創建されたことを記す。同時にまた、祐伝寺は築山神明宮の別当寺に任じられている。ちなみに真宗高田派に属する祐伝寺は、信康事件の折に殉死した柴田正親の子の柴田六郎が出家し、祐伝坊了慶の法名を得て築山母子の菩提を弔った寺であった。

徳川家臣団との浅からぬ縁故のもとで岡崎に信康、築山殿の供養塔が建てられたことは事実であるが、その際、城中を脅かす怨霊発動の噂が付きまとったことは、徳川家をめぐるイエの暗部に恐れおののく家臣たちの心意を反映したものとみてよいだろう。

ところが築山殿の誅殺から六〇年を経た正保三年（一六四六）、水野監物忠善が岡崎城主に任ぜられた直後に、祐伝寺境内の築山神明宮は、足軽屋敷を建てるために取り壊され、北東に数キロ離れた八柱神社（岡崎市欠町）に合祀された。信康・築山殿事件に距離を置く水野氏（家康の母・於大の実家）による冷遇との見方も、徳川家臣団のパワーバランスを考えると十分にあり得るかもし

築山御前首塚（八柱神社）

首塚改築碑（昭和52年）

祐伝寺の築山御前首塚

れない（典厩五郎『徳川家康秘聞　消された後継者』一九九四）。そうした経緯もあって、現在は欠町の小高い丘の上に鎮座する八柱神社の社殿脇を下った土手の傍らに五輪塔の形の「築山御前首塚」があり、若宮八幡の信康首塚とともに往時をしのぶ史跡となっている。

一方、岡崎市役所に隣接する両町の祐伝寺は、やはり水野氏の命によりここに移転したものであるが、境内の片隅に今も「築山御前首塚」と称する五輪塔が伝存している。さらにまた、岡崎市中央図書館近くの福寿町には、「築山殿の墓標」とされる榎の大木があった（岡崎市史別巻『徳川家康と其周囲』中巻）。最初に築山殿の首を埋めたのはこの場所で地蔵の小祠があったともいう。悲憤の奥方・築山殿にまつわる口碑の散在を、今も岡崎城の周辺に見ることが出来るのである。

悪女の相

信康と築山殿の無惨な最期と祟禍、そして関係者による鎮魂の営みも、徳川の世の移り変わりとともに人々の記憶から遠ざかっていく。東京四谷の西念寺に伝存する『岡崎信康廟修補記』は、母子に対する畏怖が薄れた時代の人物像を示す重要な記録といえるだろう。

巻子本一巻に仕立てられた同資料は、幕府草創期の暗部ともいうべき誅殺事件より二三〇年を経た文化一一年（一六一四）一二月に、服部半蔵の子孫である一郎右衛門保紹が編んだものである。前半は信康廟を修復した際の記録であるが、注目したいのは、母子の人物・言動と事件にいたる顛末をまとめた後段部分である。すなわち二人を業の深い佞人として描く叙述を憚ることなく表出する点は、まだ誅殺の生々しい心象が鮮明な幕初のころの口碑伝承の世界と性格を異にしている。

気性の荒い信康の「御酒宴、法ニ過タ」る態度が自刃の遠因であることを明かしたあと、本文は駿河に留め置かれた築山殿と、妾女に囲まれて暮らす三河の家康の夫婦仲が冷えきっていたことを前置きに、人質交換のすえに岡崎城に入った築山殿の心の煩悶を次のようにしるす。

三州へ迎取玉ヘドモ、サノミ御賞翫モナク、別殿ヲシツラヒ、築山殿ト号シ居ヲキ玉ヒケレバ、常ニ恨ニ憤リ玉ヒ、「吾コソ　徳川殿ノ本妻、殊ニ御嫡　三郎殿ニハ正シキ母也。其上、我父者、君ノ為ニ命ヲ失ヒ玉ヒ、叔父ノ義元ハ御後盾ト成テ長ナラセ申ス。カ様ノ事モ思召出ザレバ、余人トハ違ヒ御労リモ有ベキニ、御対面サヘ稀ナルハイカナル事ヤ」ト、或ハ怒リ或ハ嘆キ、御心モ勝レザリケル。（『新宿区文化財総合調査報告書(2)』一九七六）

築山の実父関口親永は家康の今川離反の責任を負わされ駿府にて切腹した。また、大恩ある叔父の義元が織田勢に討たれたいきさつを引き合いに出して激しい憤怒と嘆きをあらわにする。まるで浄瑠璃芝居の愁嘆場にも似た口説《くぜつ》を吐露して打ち震える築山殿の人物像は、祭祀を要する荒ぶる御霊の威儀から程遠い「悪女の相」といえるだろう。

『修補記』の本文は、右に続けて武田方の「滅慶ト云フ唐人ノ名医術者」と密通した築山殿が、武田勝頼への内応を画策し、結局信康とともに亡ぼされるまでを、侍女の斬殺や嫁姑の争いを織り交ぜて語りつくす。

じつは妖しげな唐人医師を事件の裏に書き添える叙述は、必ずしも『修補記』のオリジナルとはいえない。すでに近世前期の『三河後風土記』に「其比甲州ニ滅慶ト云唐人医師有」として、奥方に取り入り寝返りを勧める間者が登場している。先行書の参看により『修補記』を編纂した形跡は明らかであった。

しかし、やや視点をずらしてみると、思わぬ局面が見えてくる。かつて服部半蔵が深い慚愧の心を抱いて建立した信康廟の公的な記録に、奥方の嘆きや佞漢の暗躍といった講釈まがいの人間ドラマを迷わず加える行為そのものが、説話史の重要な転換点をおしえている。近世軍書のなかで増殖を繰り返す俗伝の世界が、幕府公認の聖跡の由緒に援用される構図は、築山誅殺事件の風化と歴史秘話への融解を意味するのではないだろうか。

浜松城の寝殿にわだかまり、神君家康を苦しめる強勢なる御霊「築山殿」——。その罪業を白日のもとに晒す『修補記』の登場は、真に怨霊を恐れ祀り上げる魂鎮《たましず》めの時代の終焉を物語る。そしてそれは、イエに祟る婦霊の禍々しさを語る江戸怪談の幕開けでもあった。ここに至り、城郭の怪談は侍のイエの論理を逸脱し、城壁の向こう側の異世界に瞠目して止まない江戸庶民の怪談語りの世界へと変貌していくのである。その延長線上に、「番町皿屋敷」をはじめとする、武家屋敷の幽霊話が登場し、日本怪談史の一潮流を形成したことは、紛れもない事実にほかならない。

【参考文献】

柴田顕正『徳川家康と其周圍 中巻』（岡崎市史別巻、一九三四年、国書刊行会より再刊、一九八七年）

鈴木泰山『禅宗の地方発展』（畝傍書房、一九四二年、吉川弘文館より再刊、一九八三年）

神谷昌志『浜松ふしぎ物語』（郷土出版社、一九九四年）

典厩五郎『徳川家康秘聞―消された後継者―』（世界文化社、一九九四年）

松本城

二十六夜神の神秘

二本松　康宏

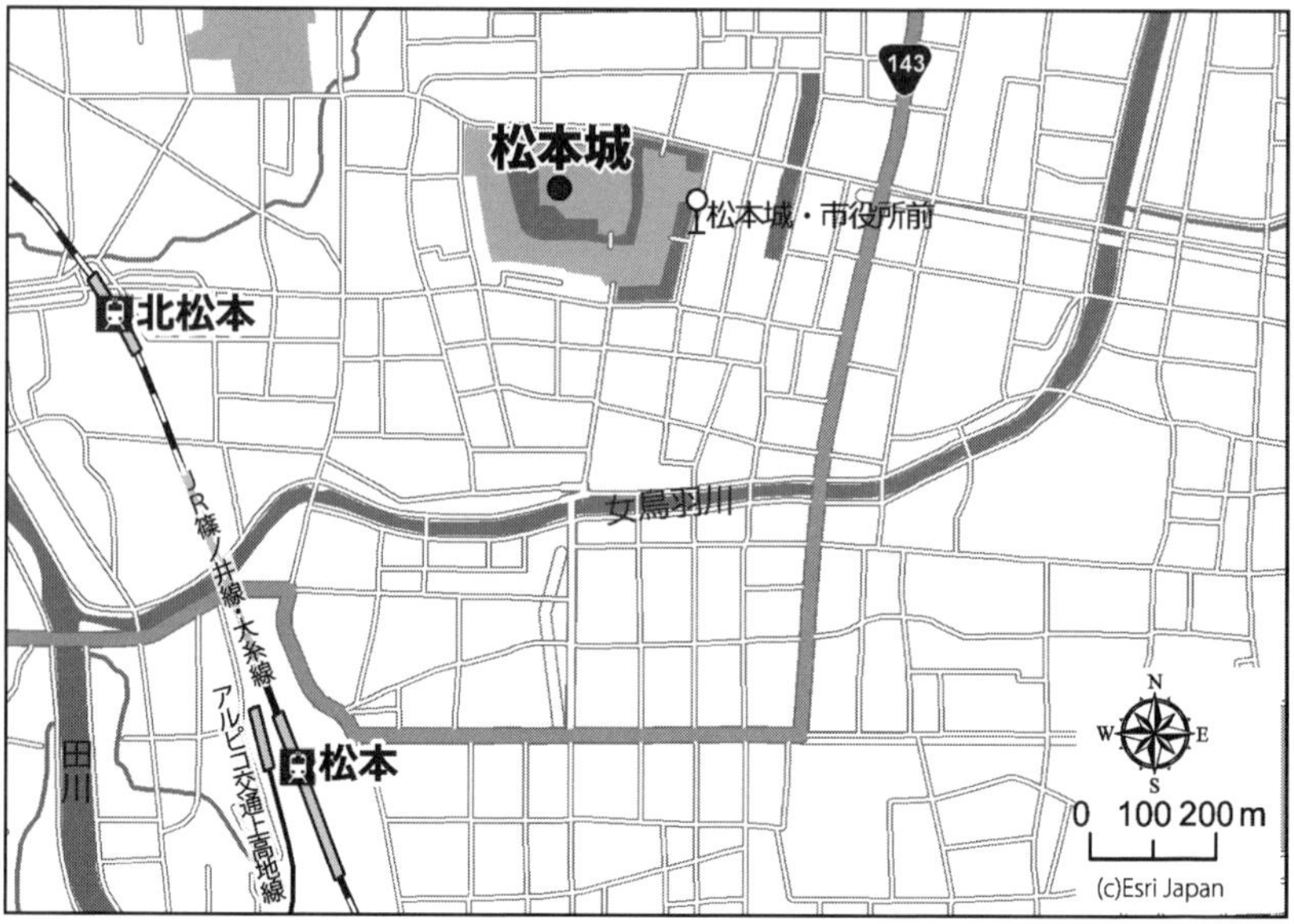

松本城
長野県松本市丸の内四-一
アクセス　JR松本駅から周遊バス「タウンスニーカー」で「松本城・市役所前」バス停下車 すぐ

守護神二十六社勧請の謂れ

天守六階、小屋梁の上に二十六夜社を勧請したのは、元和四（一六一八）年である。其の年の正月、月令二十六夜の月が東の空に昇る頃二十六夜様が、天守番の藩士、川井八郎三郎の前に美婦となって現われ、神告があった。「天守の梁の上に吾を奉祀して毎月二十六日には三石三斗三升三合三勺の餅を搗いて斎き、藩士全部にそれを分ち与えよ、さすれば御城は安泰に御勝手向きは豊なるぞ」。翌朝このことを藩主に言上し、翌二月二十六日に社を勧請し、以来明治維新に至るまで其お告げを実行してきた。お陰で松本城天守は多くの危難をのり越えて無事今日に至っている。

（松本城大天守六階の案内板）

大天守最上階の梁の上に祭祀される二十六夜神の祠

松本城の二十六夜神

松本城の五層六階の大天守の最上階には天井板が張られていない。重厚な井桁梁の上に放射状に組まれた桔木が剝き出しになっている。桔木のさらに上部にもやや細い梁が組まれ、その梁の上に「奉鎮祭二十六夜神」と書かれた小さな祠が安置されている。

昭和八年（一九三三）に刊行された『松本市史 下巻』（旧市史）には、二十六夜神の祭祀の由来として次のような逸話が載せられる。

元和四年（一六一八年）年正月二十六日の夜に、持筒頭川井八郎三郎清良が御殿に宿直して在りしに、恰も月の出ずる時、何人とも知れずその名を呼ばれし故、立ち出たるに、緋の袴を召したるあでなる女の人ぞおわしけり。八郎三郎恐れ畏みて平伏せしに、錦の袋をお授けなされ、以来二十六夜を祀り、米三石三斗三升三合焚きて祝いなば、御勝手元繁昌になりなん、且此の袋の口はゆめ開きそと仰せありて、天守閣の方へまかられける。八郎三郎、件んの趣を藩主へ言上せしかば、即ちに之を天守六階の頂上に斉き祭り、翌月の二十六日より毎月の例として祭祀をなすこととなれり、その後程経て余り不思議の事に思い、誰やらがその袋を開いて見たるに、萇の葉が三本ありしのみなりしとの事なり、かくて川井家は後の世まで二十六夜の御秘儀に参列して饗宴に頂るを常例と為せりと云う。而して享保十二年の火災に天守閣の免れしは、此の神の加護なりとも信ぜられたり。

戸田康長画像
東京大学史料編纂所所蔵模写

元和三年（一六一七）、戸田康長は信州松本七万石を賜る。戸田氏は仁連木城（愛知県豊橋市）を本拠とする東三河の国人であったが、康長は年少の頃から徳川家康の庇護を受け、家康の異父妹・松姫を正室として松平姓を賜っていた。天正九年（一五八一）の高天神城（静岡県掛川市）攻めを初陣として以来、武功も並々ではない。徳川家康の関東移封に従って東方（埼玉県深谷市）、白井（群馬県渋川市）、古河（茨城県古河市）、笠間（茨城県笠間市）、高崎（群馬県高崎市）と加増・転封を重ねてきた。戸田家の家臣・川井八郎三郎清良が二十六夜神の託宣を授かったというのは、戸田康長の松本入封の翌年にあたる。

その夜、持筒頭の川井八郎三郎清良は御殿の宿直に就いていた。二十六日の月の出といえば明け方に近い。八郎三郎は緋の袴を着けた謎の女性から錦の袋とともに託宣を授かる。曰く、二十六夜を祀ること。米三石三斗三升三合を炊いて祝うこと。錦の袋は開けてはならない。川井八郎三郎はこの不思議な出来事を藩主に言上し、天守の最上階に二十六夜神が祀られることになる。以来、毎月二十六夜の秘儀が執り行われ、川井家はその宴に参席する例となったという。後に誰かが錦の袋を開けてみると、中には莨《たばこ》の葉が三本入っていただけであったという。享保一二年（一七二七）の火災で本丸御殿は焼失したが、天守が無事だったのは二十六夜神の加護とされている。

二十六夜神伝説の〝違和感〟

この伝説には少なくとも二つの腑に落ちない点がある。

第一は、松本藩戸田家の記録類には二十六夜神の祭祀に関わる記載や伝承がまったく見られないという点である。元和三年に松本へ入封した戸田康長は寛永九年（一六三二）に松本で亡くなる。家督を継いだ康直は、翌年、同じく七万石で播州明石（兵庫県明石市）へ転出。さらにその翌年、康直は一八歳で亡くなり、嗣子がないまま戸田家は改易の危機に瀕したが、康長の遺功によって康直の甥・光重に家督の相続が許された。

その後、戸田家は明石から加納（岐阜市）、淀（京都市伏見区）、鳥羽（三重県鳥羽市）へと移り、光重の曾孫にあたる戸田光慈が享保一〇年（一七二五）に鳥羽から松本へ復帰。戸田家にとってはおよそ九〇年ぶりの松本城である。以

毎年11月3日に催される松本古城会主催の二十六夜神例大祭
写真提供：松本市役所観光温泉課

来、廃藩置県まで一四六年、九代にわたって戸田家は松本城の主となる。

『雑事実記』『本国事記』など戸田家の事績を記した記録は数ある。『世々のあと』には歴代の藩主や家臣などの興味深い逸話が並んでいる。そうした記録や伝承の中で、二十六夜神の託宣や祭祀が一言も触れられていないのはどうしてなのか。

第二に、ならば二十六夜神の託宣を授かったという川井家のほうはどうか。松本藩戸田家には全藩士の公式家譜として『諸士出身記』『出身書』『出身帳』が伝わる。『諸士出身記』は家老以下諸士以上、『出身書』『出身帳』には徒士以下足軽まで、歴代藩士たちの役職、扶持、事績等が詳しく綴られている。

川井家は三河二連木城以来の譜代で、本家にあたる八郎三郎家は家禄二五〇石。『諸士出身記』によれば、川井八郎三郎は善兵衛の嫡子だが父子ともに諱《いみな》は記されていない。父とともに戸田康長に仕え、康長の松本入封の後、元和九年（一六二三）から康長の世子・忠光に付けられる。元和九年といえば徳川家光が将軍宣下を受けるために上洛し、忠光は松本藩世子として家光の参内に供奉した。ところが忠光は家督を継ぐことなく寛永六年（一六二九）に亡くなってしまう。八郎三郎は引き続き忠光の遺児・光重に仕えたが、寛永八年（一六三一）一二月二三日に松本で亡くなったという。

川井八郎三郎の事績には二十六夜神との邂逅やその祭祀に関わったというような話はまったく載せられていない。藩主家の守護として天守に祀られる神の祭祀に関わったのだったら川井家にも余程な名誉のはずだが。

『申伝之覚』を読み解く

二十六夜神の託宣と祭祀の由来について書かれたもっとも古い資料は、川井八郎三郎家に伝来した文政一一年（一八二八）八月の奥書を記す『申伝之覚』であろう。

申伝之覚

一　廿六夜の月の出の節、誰とは知らず、八郎三郎と名を御呼び遊ばされ候に付、罷り出づ。然る処、緋の袴を召し為され候女の姿の方、御立ち遊ばされ候故、恐れ入り平伏仕り候処、錦の袋を御渡し、以来二十六夜相祭り、米三石三斗三升三勺焚き祝ひ候はば、御勝手御繁昌相成候様御伝へ、且つ此の袋の口明け候儀は無用に致し候様仰せらる。それより御天守の方へ御出遊ばされ候所、右の段申上候に付、二十六夜毎月御祭遊ばされ儀、度々申し候。且つ余り御不審に御思し召し候に付、右袋御開き御覧遊ばされ候処、萁の茎三本これ有候由申し伝へ候。其の節より八郎三郎家代々御祝ひ頂戴に罷出で候様仰を蒙り、引き続き四代頂戴仕り候趣、申し伝へ候ひ御座候

以上

文政十一年
八月

この『申伝之覚』には注意したい点が二つある。

一つは、川井八郎三郎と二十六夜神との邂逅が、ただ「廿六夜月出之節」とだけあり、『松本市史』が記すような元和四年の正月の出来事とはどこにも書かれていない点である。

二つ目は、川井八郎三郎家では「引き続き四代」にわたって二十六夜の祝いを頂戴しているという記述である。川井八郎三郎と二十六夜神との邂逅が元和四年の出来事だとしたら、文政一一年から遡って二一〇年も昔の話である。文政一一年の時点で「引き続き四代」というのは辻褄があわない。

しかし、この二つの問題を矛盾なく解くことは可能である。前述の『諸士出身記』によれば、川井家は元和・寛永期の当主・八郎三郎から数えて五代後にも八郎三郎がいる。諱は秒良、宝暦一一年（一七六一）に一七歳で四代藩主・戸田光和に初めて謁見し、明和六年（一七六九）に小姓として出仕。明和八年（一七七一）に家督を継ぎ、御広間番へ異動。五代・光悌に仕えていた安永八年（一七七九）には四月九日から五月三〇日までの二ヶ月弱ほど、飲食の贅沢を咎められて閉門を仰せつけられた。六代・光行の治世の天明八年（一七八八）には御広間番として

之覚』原本は川井良一氏所蔵

五年にわたる皆勤を賞され、寛政五年（一七九三）に病のため致仕している。

『申伝之覚』の「文政十一年八月」の奥書を信じるとすれば、当時の川井家の当主は八郎三郎秒良の孫の善右衛門良重である。文政一一年には

川井家歴代当主
- 善右衛門
- 善兵衛
- 八郎三郎
- 半兵衛正良
- 五左衛門方雅
- 半兵衛格良
- 小弥太良茂（良廣）
- 八郎三郎秒良
- 半兵衛珍良
- 重太郎重良
- 八郎三郎健良
- 半兵衛一良

松本城管理事務所所蔵『諸士出身記 参州二連木 地下四』より

は三二歳で、その嫡子・八郎三郎健良は九歳。八郎三郎秒良からは足かけで「引き続き四代」になる。つまり、『申伝之覚』のなかで託宣を授かった川井八郎三郎とは、前戸田氏に仕えた元和・寛永期の八郎三郎ではなく、再封後の戸田氏に仕えた八郎三郎秒良を指すと考えれば矛盾は解消する。

松本城における二十六夜神の逸話が元和四年の出来事として設定されたのはおそらく後付けの話であろう。文政一一年八月の奥書を記す『申伝之覚』が、当時をもって「引き続き四代」と記したことのほうがおそらく真実に近

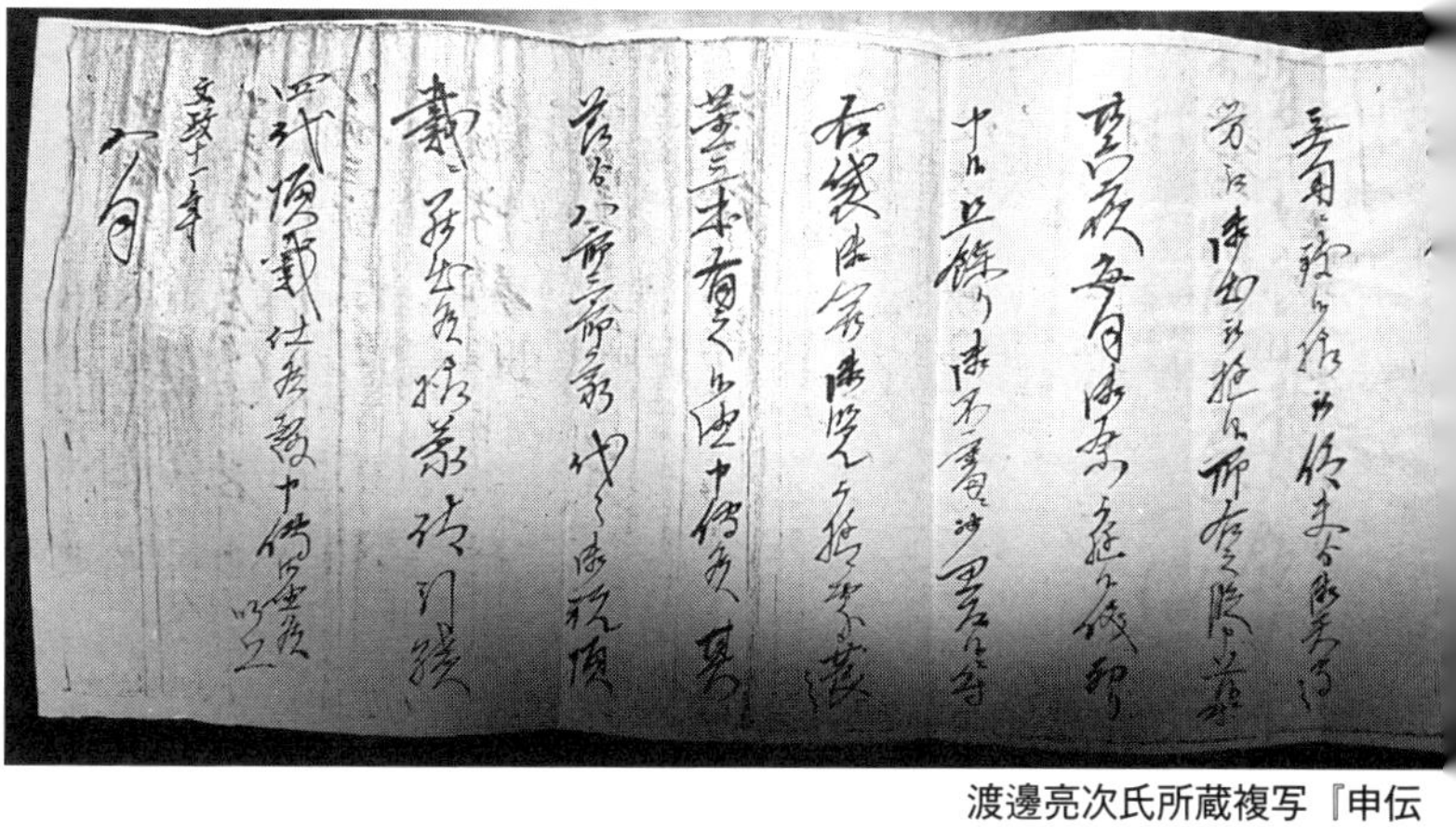

渡邊亮次氏所蔵複写『申伝

い。託宣を授かったのが八郎三郎秒良を想定して伝えられたとすれば、その神託による祝福は再封後の戸田氏に向けられたものと考えるべきであろう。

戸田家の〝名君〟たち

慶長一八年（一六一三）、松本城主・石川康長は大久保長安事件に連座して改易される。石川氏に替わって松本には小笠原秀政が入封。かつて信濃守護職を務めた小笠原氏にとって松本は父祖伝来の地である。徳川家の関東移封に従っていったんは下総古河へ転出したが、その後、信州飯田（長野県飯田市）を経て、松本八万石への復帰である。『信府統記』は秀政の人柄を「慈悲専ら深く、譜代新参の諸士及び万民鰥寡孤独の者に至るまで憐愍厚かりし」と伝え、その善政を讃えている。しかし小笠原秀政は大坂の役で世子・忠脩とともに討死し、家督を継いだ次子・忠真は元和三年（一六一七）に播磨明石一〇万石へ栄転。次に件の戸田康長が松本へ入封するが、跡を継いだ・康直は翌年に明石七万石へ転封。その後は松平直政、堀田正盛と短期の治世が続き、寛永一九年（一六四二）に水野忠清が七万石で入封する。

水野氏の統治は六代、八三年に及んだ。ところが水野家歴代について後世の評価は厳しい。二代・忠職は藩政の基盤を築いたが、「百姓難儀致し、世間取り沙汰悪し」（『本国事記』）といわれる。三代・忠直は「短慮にして、怒りを現し、仁愛の心なく」（『土芥寇讎記』）と評され、不作を顧みず苛税を課して大規模な百姓一揆（貞享騒動）が起きている。四代・忠周も自らの浪費を省みず、江戸藩邸の焼亡による再建を領民への借財に転嫁し、領民からの訴えにはいっさい耳を傾けなかったとか（『本国事記』）、とにかく評判が悪い。六代・忠恒に至っては日頃から大酒飲みのうえに短慮で（『松本御代記』）、二日酔いのまま江戸城内で乱心して長府藩（山口県下関市）の世子・毛利師就に斬りかかり、取り押さえられたあげく改易されてしまう。五代・忠幹が「御容姿も美男にて御仁心、御賢才も御勝れなされ候」（『松本御代記』）と絶賛されるのは、水野家の殿様のなかでは例外的である。弟・忠恒があまりにも短慮暗愚だったから、賢兄・忠幹の急逝がことさらに惜しまれたのかもしれない。水野家の治世を城下の人々がどのように受け止め、どのように語り継いだのか、想像に易い。

小笠原氏への称賛と水野氏への批判は、松本城下に暮らす人々にとって、おそらく表裏のバイアスが働いている。そのバイアスには水野家に替わって松本へ再封してきた戸田家の治世への忖度もあるだろう。

戸田家には賢君・名君が続いた。後戸田家の初代藩主・光慈は享保一四年（一七二九）に「条々」を発布して儒教的な理想とともに弱者の救済や越訴の容認など善政の範を示した。戸田家の事績を記した『世々のあと』は、この光慈と光慈の跡を継いだ弟の光雄、それに五代・光悌をとりわけて名君として、その逸話を列記している。

そもそも何をもって〝名君〟というのか。光慈の善政も机上の理想と言ってしまえばそれまでである。財政もそれほど好転してはいない。それでも彼らを〝名君〟と讃えたのは領内に暮らす人々の意志に他ならない。水野家の治世に倦んだ人々が、松本へ戻ってきた戸田家に期待を抱く。そして郷土愛にもとづく殿さまへの敬慕の情景が城下に醸し出される。

松本城に伝わる二十六夜神の祝福には、戸田家の支配を好意的に受け入れる情景が前提となる。二十六夜の女神は祭祀と引き換えに戸田家々中の経済的な豊かさを約束した。二十六夜神から賜った錦の袋について、『松本市史』（旧市史）には「誰やら」が禁忌を破って袋を開いたと書かれている。しかし、『申伝之覚』によれば「余り御不審に御思し召し候に付、右袋御開き御覧遊ばされ候」とあり、錦の袋を開いたのは殿様自身とされている。禁忌を破って袋を開けたのに神罰がくだされたとかそういう話ではない。この寛容さこそ注目すべきであろう。二十六夜の女神はあくまでも戸田家の治世を祝福する存在だからである。

文化五年（一八〇八）八月、七代藩主・戸田光年は戸田家による松本の治城百年祭を催した。藩祖・康長が松本へ入封したのが元和三年。その後、次代・康直が寛永一〇年に明石へ転封になるまでまずは一七年。そして享保一一年に戸田光慈が松本へ戻ってから八三年。計一〇〇年である。藩士、町人、社寺においても盛大な催しや宴席が設けられ、村々には殿様からの祝いの酒代も下賜された。藩はすでに慢性的な財政難に陥っていたが、それでも百年祭は殿様も領民たちもとにかく盛りあがったらしい。よほど楽しかったのか、あるいは祝いの献上品などの実入りが良かったことに味をしめたか、いずれにせよ一七年後の文政八年（一八二五）三月にもふたたび百年祭が催される。このたびは戸田光慈の松本再封から数えての一〇〇年目である。「百年御治城御祝儀献上物書留帳」（『長野県史 近世史料編第五巻一 中信地方㈠』）によれば、籾二三〇八俵、酒三八五樽をはじめとして麻布や綿布、火鉢、硯箱、燭台、菓子などの品々が領民からの献上品として大手門前に積み上げられたとある。

戸田家の「御勝手御繁昌相成候」（『申伝之覚』）との二十六夜神の誓いは、まさにこうした世情を背景として、戸田家の治世の繁盛を祝福するために創作されたのではないだろうか。

二十六夜神の祭祀

松本藩において実際に二十六夜神を祀り、その祝祭が設けられた事実が確認できる資料は、さらに幕末まで下らなければならない。松本藩士・高橋家に伝えられた『家譜添書文久より慶応、明治迄の記』（高橋家文書・非公開）には慶応元年（一八六五）一一月に二の丸の古山地御殿で催された二十六夜の祝祭の献立が記録されている。

吸物　小魚二　生ふ二　きくらげ
小皿　○　にしん　こんにゃくのしらあへ
同　○　するめの山椒あへ　いも、牛房
同　鳥　こんにゃく　人じん
同　ぶり　みしま　かぶら
鉢　玉子　するめ　ゆり
汁　○　とうふ　花かつほ
鉢　○　いも汁
於古山地
右八十一月廿六夜様御祝ひ頂戴并藤原おふち方
御加ふち被下候ニ付御役人衆へ振舞有之ニ付
取分ケニ而戴　○印六夜様例日之分

古山地御殿は石川数正時代に藩主の「慰ミ所」として造られたという（『信府統記』）。享保一二年に本丸御殿が焼失した後は、二の丸御殿に政庁を移し、古山地御殿が藩主の私邸となっていた。

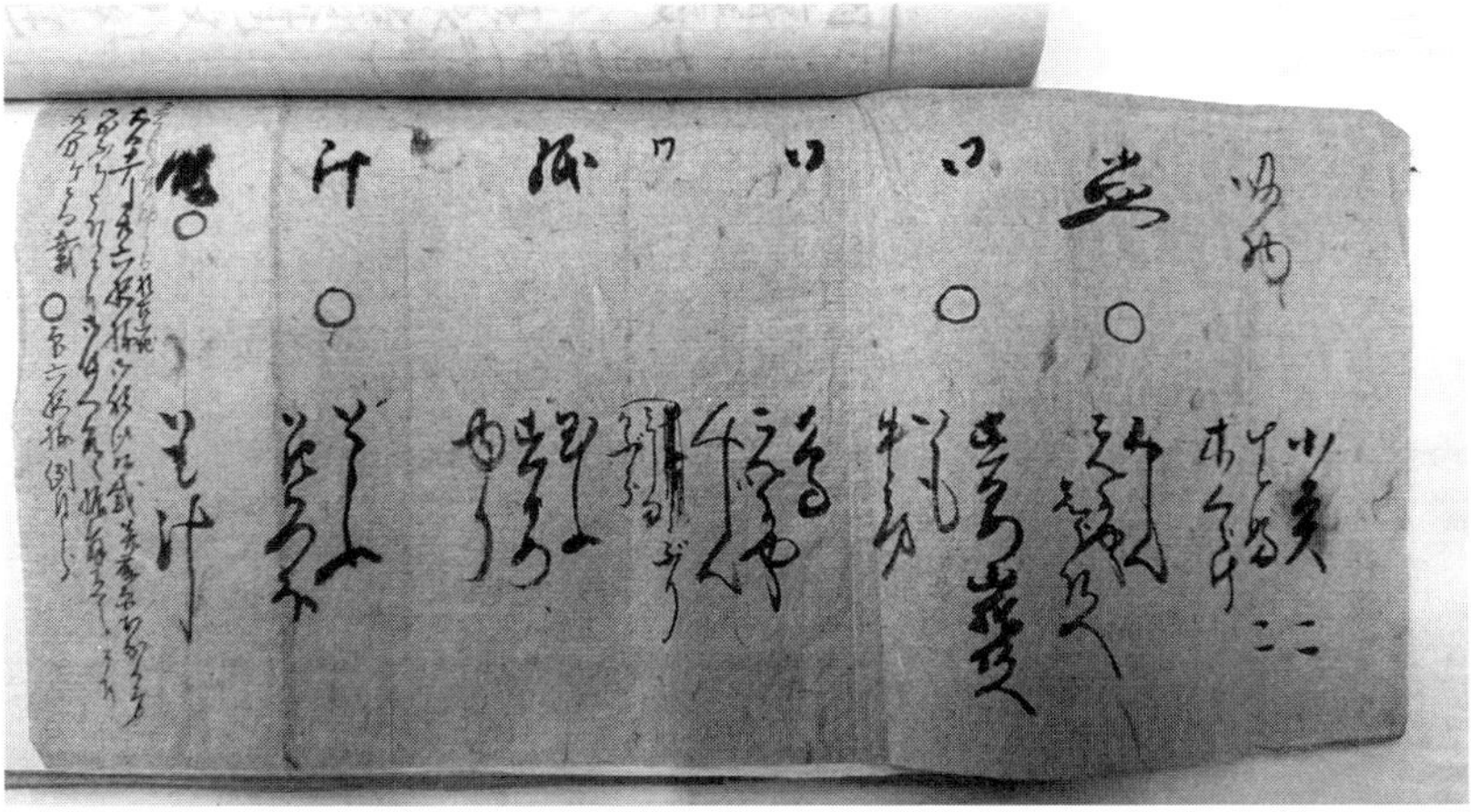

松本城管理事務所所蔵高橋家文書『家譜添書　文久より慶応、明治迄の記』

古山地御殿跡（松本市立博物館）から天守を望む

この日は二十六夜の祝い膳を頂戴しただけでなく、「藤原おふち」方に御加扶持があり、役人衆への振る舞いもあった。高橋家は徒士の身分ではあるが、代々にわたって郷目付や山方奉行、勘定所吟味役などを勤めてきた能吏の家である。この日は役人衆の一人として振る舞いに預かったのだろう。

献立の末尾には「〇印六夜様例日之分」と書き添えられているから、二十六夜の祝祭がこの日だけでなく、例祭として催されていたことがわかる。例祭はこの日よりももう少し簡素な膳だったらしい。鰊と蒟蒻の白和えを盛り合わせて一皿。するめの山椒和え、芋、牛蒡を盛り合わせて一皿。それに豆腐と花かつおの汁が付く。芋汁は信州ではハレの日の縁起物とされ、正月の行事食にもなっている。ちなみに松本では「四日とろろ」といい、正月四日にはとろろ汁を食べる風習がある。

松本城大天守六階の案内板に記された「守護神二十六社勧請の謂れ」には「天守六階、小屋梁の上に二十六夜社を勧請」「天守番の藩士、川井八郎三郎」とあり、二十六夜神の祠が天守最上階の梁の上に祀られていることを疑いもなく受け入れてきた。しかし、昭和八年に刊行された『松本市史』（旧市史）によれば、当時の「川井八郎三郎清良」は天守番ではなく、「御殿に宿直して在りし」ときに二十六夜の女神と邂逅し、その託宣を授かっている。二十六夜の女神は託宣を告げた後、御殿から天守の方へ退出し、「天守六階の頂上」に二十六夜神が奉祀されることになったという。さらに文政一一年の奥書を標す川井家の『申伝之覚』にさかのぼれば、川井八郎三郎の二十六夜神との邂逅の場所は何処であるとも記されず、二十六夜神の祠が天守の最上階に奉祀されたとは、実は一言も書かれてはいないのである。高橋家の『家譜添書』を手掛かりとすれば、そもそも二十六夜神が天守の最上階の梁の上に祀られていたのかどうか疑わしい。むしろ、二十六夜の祭祀は、もともと天守ではなく、藩主の私邸である古山寺御殿で営まれていたのではないか。松本藩の公式な記録に二十六夜神の祝祭が記されていないのは、それが藩主のごく私的な祭祀だったからではないか。

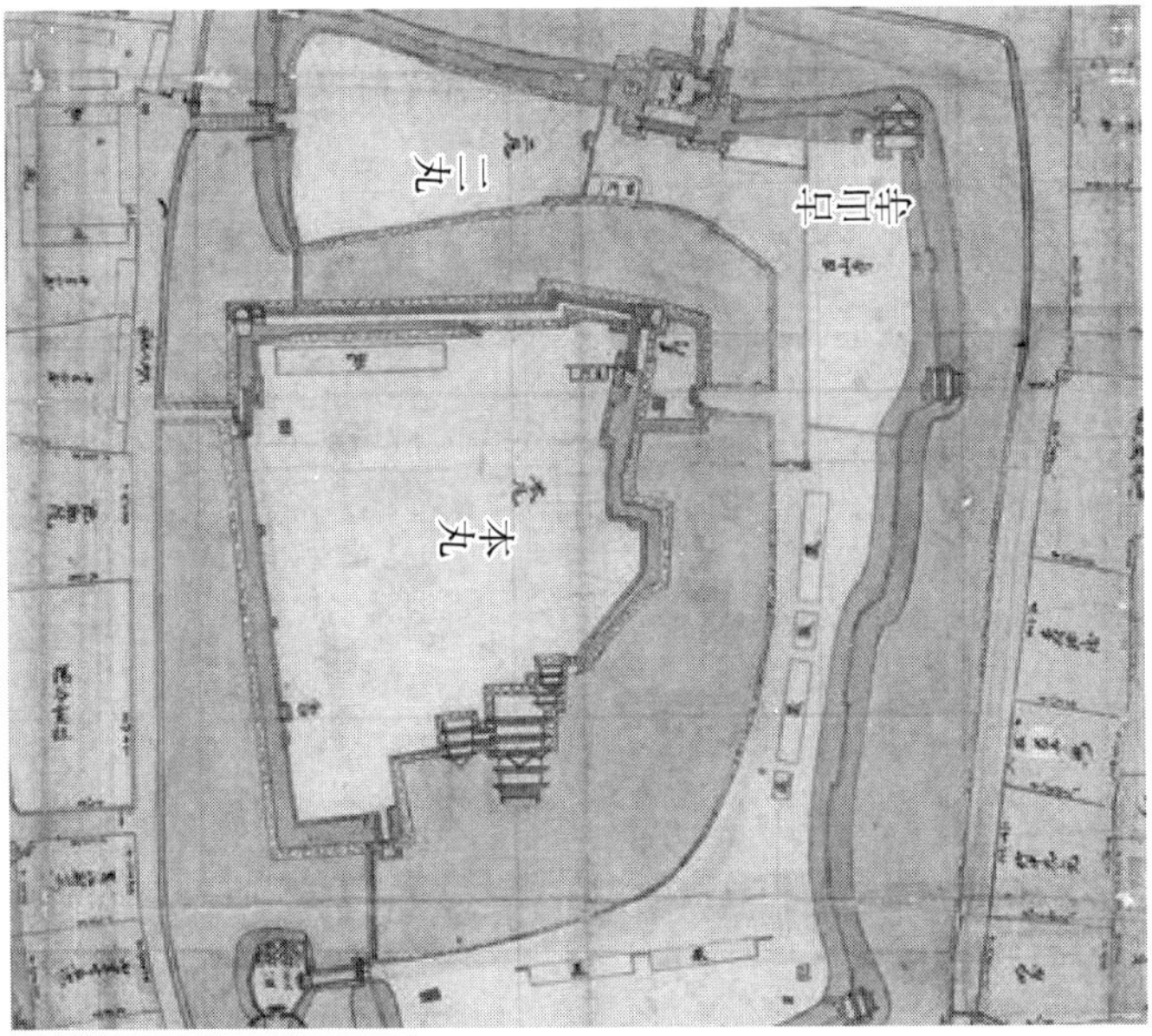

松本城管理事務所所蔵「享保十三年秋改松本城下絵図」（部分）
図版提供：松本城管理事務所

　後述するように、明治の廃藩置県によって藩主・戸田家が松本城を去り、二十六夜の祭祀は川井家に託され、空となった祠だけが天守の梁上に置かれた。二十六夜神といえば天守に祀られている情景が強まり、その情景を補うように川井八郎三郎の肩書も「御殿の宿直」から「天守番」へと変わってゆく。

二十六夜待ち

松本城の二十六夜神の祝祭が江戸の町で流行した「二十六夜待ち」の影響を受けたものであることはおそらく間違いない。たとえば天和二年（一六八二）頃に戸田茂睡が著したとされる『紫の一本』には、正月二六日と七月二六日の明け方、江戸城田安門の田安台に貴賤男女が集まって月の出を待つ習俗が記されている。二十六夜の月の出は「海中より龍燈あがる」とされ、人々は、あるいは念仏を唱え、あるいは題目を唱えなどして、思い思いに月の出を待った。それから一五〇年ほど後に斎藤月岑が著した『東都歳時記』天保九年（一八三八）でも一月と七月の行事として二十六夜待ちの賑わいが紹介されている。

（一月）廿六日　昔は此夜、田安の台、鉄砲洲、高輪等に諸人群集して月の出を拝するよし、天和以来享保頃迄の書に記せり。今は七月のみなり。

（七月）廿六日　廿六夜待高きに登り、又は海川の辺酒楼等に於て月の出を待つ。左に記せる地は、分て群集する事夥しく、宵より賑へり　芝高輪、品川此両所を今夜盛観の第一とす。江府の良賤兼日より約し置て、品川高輪の海亭に宴を儲け、歌舞吹弾の業を催するが故、都下の歌妓幇間女伶の属群をなしてこの地に集ふ。或は船をうかべて飲宴するもの尠からずして、弦歌水陸に喧し　築地海手、深川洲崎、湯島天満宮境内、飯田町九段坂、日暮里諏訪社辺、目白不動尊境内西南に向て月を看るに便りあしけれど、此辺の輩は集へり

この頃になるとすでに一月の二十六夜待ちは廃れていたらしい。当時の江戸で流行していたのは七月の二十六夜待

歌川広重「東都名所高輪廿六夜 待遊興之図」
東京都江戸東京博物館所蔵　画像提供：東京都歴史文化財団イメージアーカイブ

ちで、とくに高輪（東京都港区）と品川（東京都品川区）の盛況ぶりは格別である。海沿いの料亭では宴席が設けられ、海に舟を浮かべて水上の宴を楽しむものも多くいた。その他にも築地（東京都中央区）、深川、洲崎（東京都江東区）など江戸湾を見渡せる海岸や、湯島天満宮（東京都文京区）や九段坂（東京都千代田区）、日暮里の諏訪台（東京都荒川区）、目白不動尊（東京都豊島区）といった高台の景勝地に多くの人が集まったようである。同じく斎藤月岑が編纂し長谷川雪旦が挿絵を描いた『江戸名所図会』天保五年（一八三四）には「高輪海辺七月二十六夜待」と題してその賑わいが描かれた（本文なし）。高輪の二十六夜待ちは初代歌川広重の「東都名所高輪二十六夜待遊興之図」（天保一二年（一八四一）～一三年頃）、同じく広重の「東都名所年中行事七月高輪二十六夜」（安政元年（一八五四））、三代目歌川豊国の「江戸自慢三十六興高輪二十六夜」（元治元年（一八六四））などの錦絵としても描かれ、幕末には江戸の七月を代表する年中行事であった。

二十六夜の月は明け方近くに昇ってくる。三日月をやや斜めに横倒しにしたような形で、江戸ではそこに阿弥陀三尊の来迎を見立てた。月の両端に観音と勢至、中央が本尊の阿弥陀如来である。あるいは前述のように『紫の一本』によれば、二十六夜の月は「龍燈」に見立てられ、それを拝む人々も念仏や題目をそれぞれが思い思いに唱えたともある。江戸や関東近郊に残る江戸時代中期以降の二十六夜塔はその本尊として愛染明王の尊像を刻むものも多く、愛染→藍染の連想から藍染業者たちも二十六夜講を結んでいた。

このように江戸の町で隆盛した二十六夜待ちであるが、実は、松本藩の領内では二十六夜待ちの風習や二十六夜塔、二十六夜講はあまり例が見られない。

松本市梓川八景山の滝見堂の境内の二十六夜塔（嘉永 7 年）

松本市里山辺の二十六夜塔（天保 14 年）

大町市の竈神社境内の二十六夜塔（慶応元年）

一九六五年に刊行された『東筑摩郡・松本市・塩尻市誌 第三巻 現代下』によれば「二十六夜待は梓川村八景山に一基あり、二十六夜神を祝殿として祀る例は筑摩・島内にそれぞれある」（第一〇篇第七章第八節「社寺・堂塔・旧家」、田中磐執筆）とある。八景山の二十六夜待というのは松本市梓川上野八景山の滝見堂の境内に祀られる嘉永七年（一八五四）の銘を刻む二十六夜塔のことだろう。ただ松本藩内とはいえ城下からは一五kmほども離れている。祝殿《いわいでん》は松本平などに広く見られる屋敷神である。島内（松本市島内）では、昭和二八年（一九五三）の松本城解体修理の上棟祭に際して三三名の農家が二十六夜神の伝説にちなむ三石三斗三升三合三勺の餅米を搗いて祝餅を奉納した事績がある。おそらくはその篤志を記念して祀られたらしい。現在では島内にも筑摩（松本市筑摩）にもすでにそうした二十六夜の祝殿を見出すことができないから、あまり定着しなかったのかもしれない。

松本平では里山辺（松本市里山辺北小松）にある天保一四年（一八四三）の銘を刻む二十六夜塔や、寿（松本市寿小赤）の安永六年（一七七七）七月一日の銘をもつ大乗妙典の供養塔に二十三夜と二十六夜を脇侍のように刻んだケースが確認されている。ただし、寿は松本平ではあるが元和三年（一六一七）以降、近世を通じて諏訪高島藩領だったので松本藩の二十六夜信仰とは繋がりそうもない。松本城下に近いところではかろうじて里山辺の二十六夜塔ぐらいであろうか。松本藩領内といえば安曇野の北、大町市の竈神社の境内にも慶応元年（一八六五）八月の銘を持つ二十六夜塔が一基ある。これは昭和四八年（一九七三）の国道一四七号線（千国街道・塩の道）の拡張にともなって付近にあったものを竈神社の境内に移したらしい。ここも松本藩領とはいえ城下からは三五kmほどもある。

結局のところ二十六夜講なり二十六夜待ちなりが松本平に根付いた信仰・習俗であったとはとうてい考えにくい。松本城における二十六夜神は、江戸時代の後期に江戸で流行していた二十六夜待ちが江戸藩邸から松本城へ伝わり、藩主のごく私的な空間において祭祀されるようになったと考えるのが妥当ではないだろうか。

二十六夜神の帰還と再生

明治四年（一八七一）七月、松本藩の最後の藩主でもあった知藩事・戸田光則は廃藩置県によって免官となり東京へ移る。二十六夜神の神体は川井家の当主・鈊之進元良に託され、川井家とともに安曇郡大町六日町（長野県大町市）へ下った。「殿様から託された二十六夜神を護るために城下を離れてきた」と川井家では言い伝えてきたという。このとき空になった祠が主のいなくなった天守の最上階の梁の上に据え置かれたのだろう。以後八〇余年、川井家は密かに二十六夜神を奉祀し、護り続けた。

昭和二五年（一九五〇）七月、これから足掛け六年に及ぶ松本城の解体復元工事が始まる（昭和の大修理）。天守の梁上に置かれていた二十六夜神の祠も降ろされて、修繕を受けることになる。

昭和二八年（一九五三）一〇月には上棟祭が執り行われ、前述のように島内地区の三三名の農家から奉納された三石三斗三升三合三勺の祝餅によって餅撒きが催される。

昭和二九年（一九五四）一二月、天守の復元工事はほぼ完成し、一三日には修繕された二十六夜の祠の遷座式が松本市教育委員会と松本城二十六夜会の主催によって執り行われる。この時点ではまだ空の祠である。

昭和三〇年（一九五五）一〇月三日、大町市六日町の川井家に祀られていた二十六夜神を松本城へ遷座するための奉告祭が執り行われた。川井家の五男で渡邉家の養子となっていた幸治氏が、偶々、当時の松本市の助役と会食をしていた折に「天守の二十六夜神はどこへ行ったのだろうか？」「実は我が家で密かに奉祀している」といった話になり、斯くして八五年ぶりに松本城への帰還が果たされることになったという。前年の遷座式と同じく祭式は松本市教育委員会と松本城二十六夜会の主催によって設けられ、川井家には松本市長から感謝状とともに金一封が贈呈され

二十六夜神御遷宮前夜祭（昭和30年10月２日夜）
写真提供：渡邊亮次氏

た。この日、川井家当主・川井善良氏（幸治氏の父）から松本市長・松岡文七郎へ送られた文書には八郎三郎の職を「天守番」と記している。「天守」の情景はいよいよ揺るぎなくなってゆく。翌四日、神体は二〇名近い行列に奉持されて松本城へ帰還。八日には松本市長、戸田家当主・戸田康英氏、川井善良氏、渡邉幸治氏らが参列し、舞楽とともに盛大な遷座祭が営まれた。

二十六夜神の帰還と再奉は松本城の復元工事と連動するかたちで進められてきた。松本城の再興は戦後の復興を象徴する事業である。二十六夜様の祭祀は松本城再生の象徴となった。

【参考文献】
竹内力『国宝松本城—解体と復元—』（私家版、一九七九年）
金井圓『近世大名領の研究—信州松本藩を中心として—』（名著出版、一九八一年）

飯田道夫『日待・月待・庚辰待』（人文書院、一九九一年）
永川強・中川治雄『松本城―武田流縄張術の冴え―』（「歴史群像」名城シリーズ五、学習研究社、一九九五年）
田中薫『松本藩』（シリーズ藩物語、現代書館、二〇〇七年）
長野県民俗の会編『長野県中・南部の石造物』（長野県民俗の会、二〇一五年）

名古屋城

見守る櫃と
天狗と狐たち

林 順子

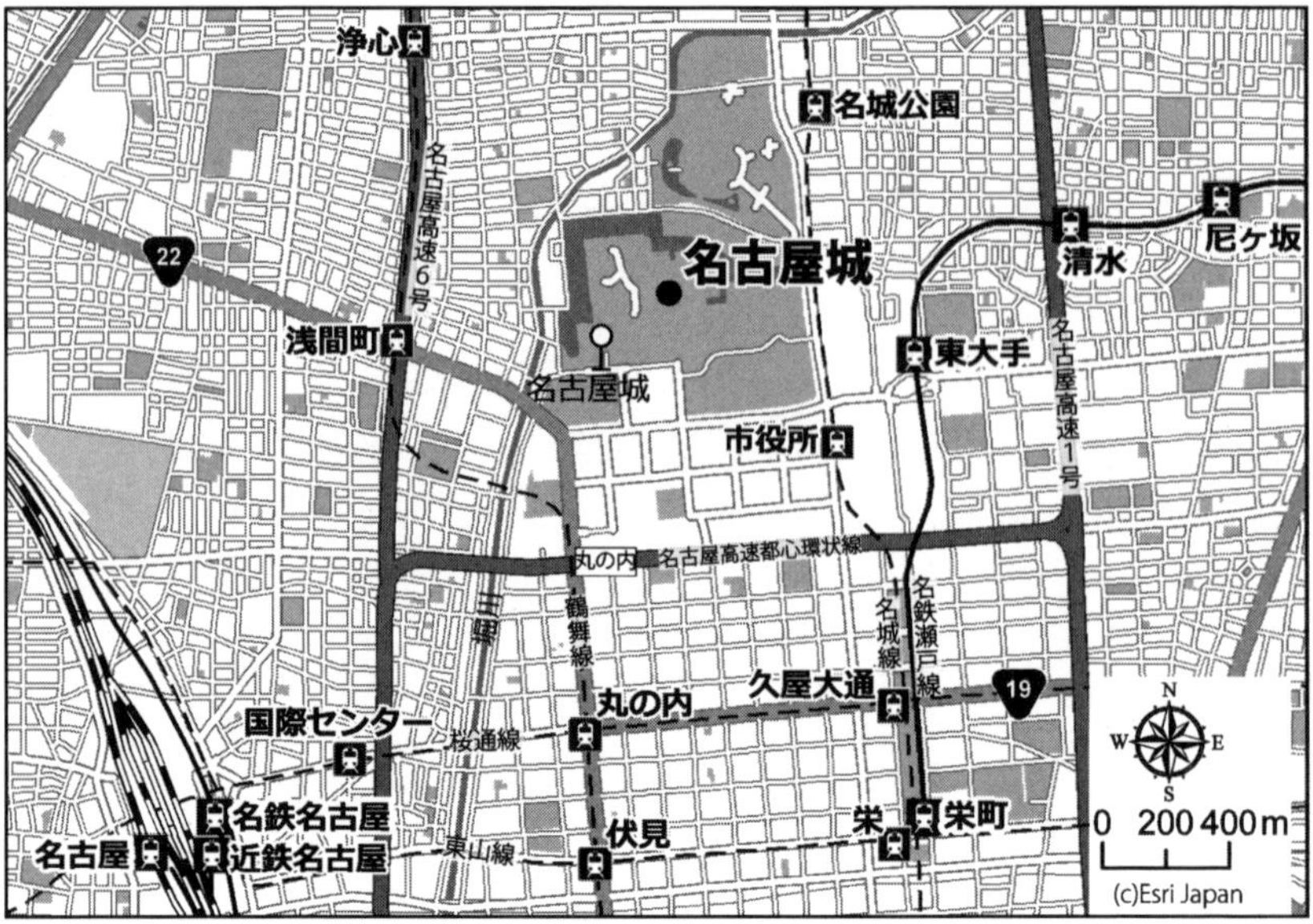

名古屋城

愛知県名古屋市中区本丸一-一
アクセス　地下鉄名城線市役所駅から徒歩五分
名古屋駅からなごや観光ルートバス「メーグル」で「名古屋城」バス停下車 すぐ

「怪異」に乏しい名古屋城

城に怪異はつきものといわれるが、名古屋城は〝とかく仇《あだ》っぽい説話に乏しい〟とこぼしたのは、明治生まれの尾張郷土史家、市橋鐸氏である。江戸時代の名古屋に関する一大史料集『名古屋叢書』の編纂に加わりあらゆる記録に目を通された氏をしてそう言わしめるほどに、この城は〝怪異〟とは縁遠い。名古屋城に、怪しい事件は全く無かったのであろうか。

名古屋城にまつわる怪異めいた話としてしばしば紹介されるのが、「黄金水」と「柿木金之助」である。前者は、築城時に天守の中に掘った井戸の水が濁っていたため、加藤清正が大坂城の〝金明水〟にならって井戸底一面に大判を延べた金の板を敷いたところ濁りが取れ、その水を黄金水と呼ぶようになった、というものだ。戦後の再建にあたりこの井戸も調査されたが、世間が期待した金は痕跡も見つからず、実際に金板があったのかどうかも含めて真相は不明である。後者の柿木金之助は、天明三年（一七八三）に大坂で上演された芝居『傾城黄金金鯱』の中で、大凧に乗って金鯱の鱗を見事に盗んだ大泥棒として描かれている。モデルとなった柿木は実在するが、凧を使ったり名古屋城内で犯行に及んだとの記録はない。

「金城」「金鯱城」の異名をもつ名古屋城に似つかわしいこれらの逸話は、しかし怪異とは言いがたい。先の市橋氏は負け惜しみ気味に、姫路城の播州皿屋敷と比べて「凄みだけならばこちらにだって敗戦直後、お城の石壁に人気の薄い朝まだきをねらって、傘位なでっかい蜘蛛が出現したという噂があった」という。正徳年間、城の堀に巨大な蚊柱が堀にたったとの話もあるが、蚊にしろ蜘蛛にしろ自然現象の域を出ない。

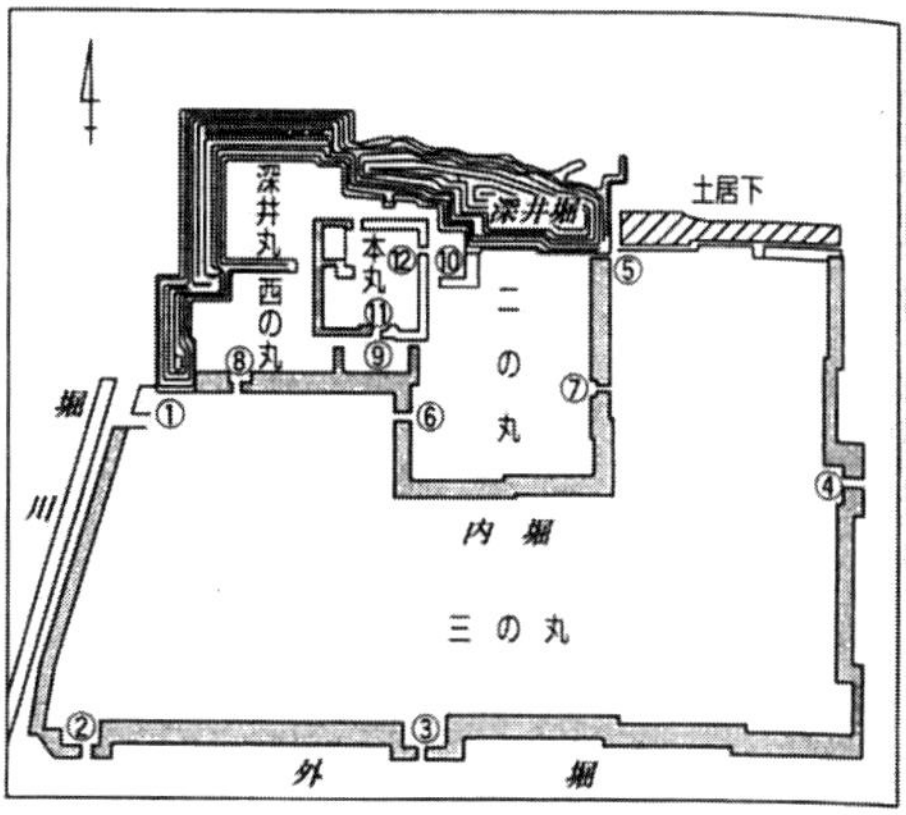

名古屋城の曲輪
（『新修名古屋市史』三、p.161）

名古屋城が怪しげなものと縁遠いのは、曲輪のシンプルさに起因するかもしれない。例えば江戸城や姫路城など起伏のある平山城の曲輪が、曲線も交えた迷路のような複雑な形状をしているのとは対照的に、平坦な名古屋台地に築かれた平城の名古屋城の曲輪は直線で構成されている。中心となる本丸はほぼ正方形をしており、本丸を囲む二の丸、西の丸、御深井丸の大曲輪も大手馬出・勝手馬出・塩蔵構の小曲輪も、そしてそれらの西面・南面に接する三の丸にも、曲線部はみられない。高い防御機能を備えつ

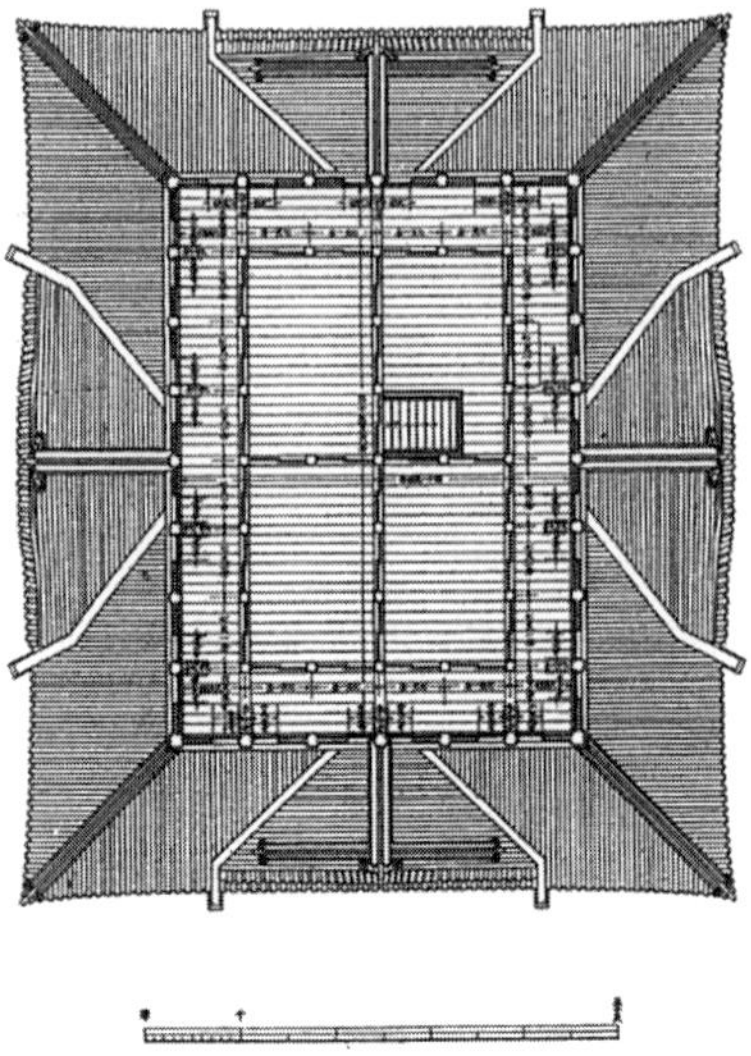

天守最上階の図（名古屋城総合事務所蔵「名古屋城昭和実則図」）

つも、名古屋城は合理的に整理された構造を持ち、それゆえに人々が怪異を見出す余地は少なかったのかもしれない。

それでもあらためて江戸時代の記録を掘り返すと、いくつか不思議な話が散見される。そのひとつが、天守最上層の一之間にあった大半櫃《はんひつ》である。

天守の大半櫃—藩主のみが知る謎の箱—

天守最上層は各一二畳の四つの部屋に区切られており、城の内側に面する南東の部屋が藩主らの御成にも使われる「一之間」であった。

江戸時代末期の尾張藩士で著述家でもある奥村得義の編んだ『金城温古録』によれば、御成のとき以外はここには「御大切の御物」を納めた大・中・小、三つの半櫃が静かに置かれていた。半櫃というのは小さめの長持のことである。

大半櫃は、二尺余りの台の上に何故か棒を差したままにされており、この棒を常に東西にして置くのが決まりであった。櫃を移動させる際もこの向きは守らねばならず、そのためか櫃の正面には「南」としたためられた小さな紙が貼られていた。一説には、初代藩主徳川義直が最初にこの一字を書いたという。また、藩の老中や城代が巡見のために天守最上層に入る際、まず初めに、大半櫃から一畳分離れたところに座り、脇差しはそのままに、扇は右脇に置いて櫃に一拝して退くという、実に仰々しい手順を踏んだ。

さて気になるのは櫃の中身である。中半櫃と小半櫃に関しては風入れなどで開封されているため、一部の人間はそれを見ているはずである。公ではないが漏れ聞く話から得義が推測したところでは、中半櫃は機密の品すなわち義直が編んだ軍法書「軍書合鑑」、小半櫃のほうは同じく神道の宗教書「神祇宝典」を収めていたらしい。軍事も神道も幕藩権力の骨格に位置づけられるもので、初代藩主が編んだそれらの書物を、藩領を見下ろす天守に掲げたのは象徴的である。

さて、残る大半櫃には何が納められていたのか。実は大半櫃は開封されたことがなく、曖昧な話しか残っていない。得義は、二代藩主光友が箱を開いて中をご覧になり、にっこりと笑いすぐに蓋を閉めたと、ある古老の話を伝える。加藤清正の像とか神祖家康の甲冑との説もあったようである。大半櫃を別の階に移したところ、領内で洪水が発生したこともあったという。世間で天守の櫃が下ろされたためと噂されたため、民の心を破るのは良くないと元の場所に戻された。

これらの伝承を総合すると、天守最上階にひっそりと置かれた大半櫃には、東照大権現こと家康にまつわる〝何か〟が納められ、その神の血をひく尾張徳川家当主しかそれを開くことができず、位置を動かすだけで領民に災いがあるという宗教的な存在であり、それをある程度は領民も知っていた、ということになる。

天守のもつ宗教的機能についてはすでに研究されているところである。名古屋城天守最上階には、南西の二之間の北と西の長押にも伊勢や尾張三社を祀った御祓い棚があった。北の棚は、猪子石村で堤が切れて城の南西の際まで水に浸かったという明和四年（一七六七）に設けられ、西の棚は天保の飢饉時に置かれたという。

江戸後期に編まれた『尾張名所図会』をみると、名古屋城の天守が雲の上に、画の枠さえも突き抜け、枠内の下界を見守るように描かれている。雲がかかっているのは軍事機密上、城の下部を書けなかったという事情もあろうが、

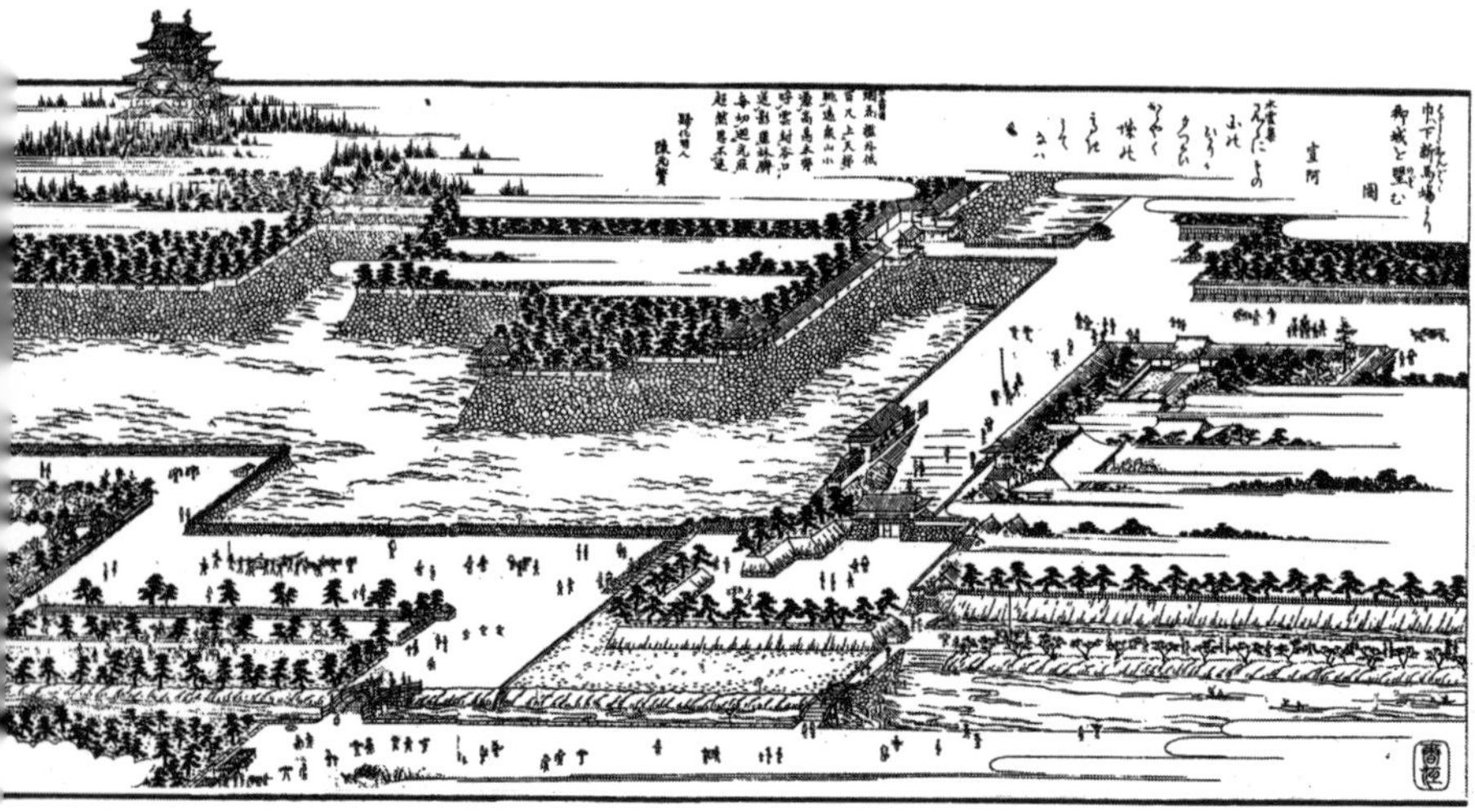

所蔵ウェブサイト『尾張名所図会』）

画家小田切春江らは、領民を守る天守の神秘性宗教性も表したかったのかもしれない。

となると、その天守に置かれた大半櫃の中身が実際に何であったのかは問題ではない。むしろ中身を謎のままにするほうが、櫃や天守、ひいては尾張徳川家の神威に対する人々の期待も維持されるからである。名古屋城郭内に怪異話が生まれなかったのは、東照大権現こと家康の血筋、つまり神に縁のある尾張徳川家の城郭であったことが影響しているのかもしれない。

城郭内とは逆に、城郭周辺部にはいくつかの怪異話が残っている。たとえば、尾張徳川家九代当主宗睦が関わった怪異である。

徳川宗睦がみせた怪異—異界とつながる為政者—

一九世紀前半に編まれた『金城温古録』の伝えるところでは、城郭北西の御深井丸を望む堀端に、昔、普蔵松とか天狗松とか呼ばれた松があった。御鷹屋敷の南付近というから、現在でいえば名古屋市西区樋の口町。城の堀と堀川に挟まれた小さな区画である。ここには名古屋城築城以前に普蔵寺という寺が

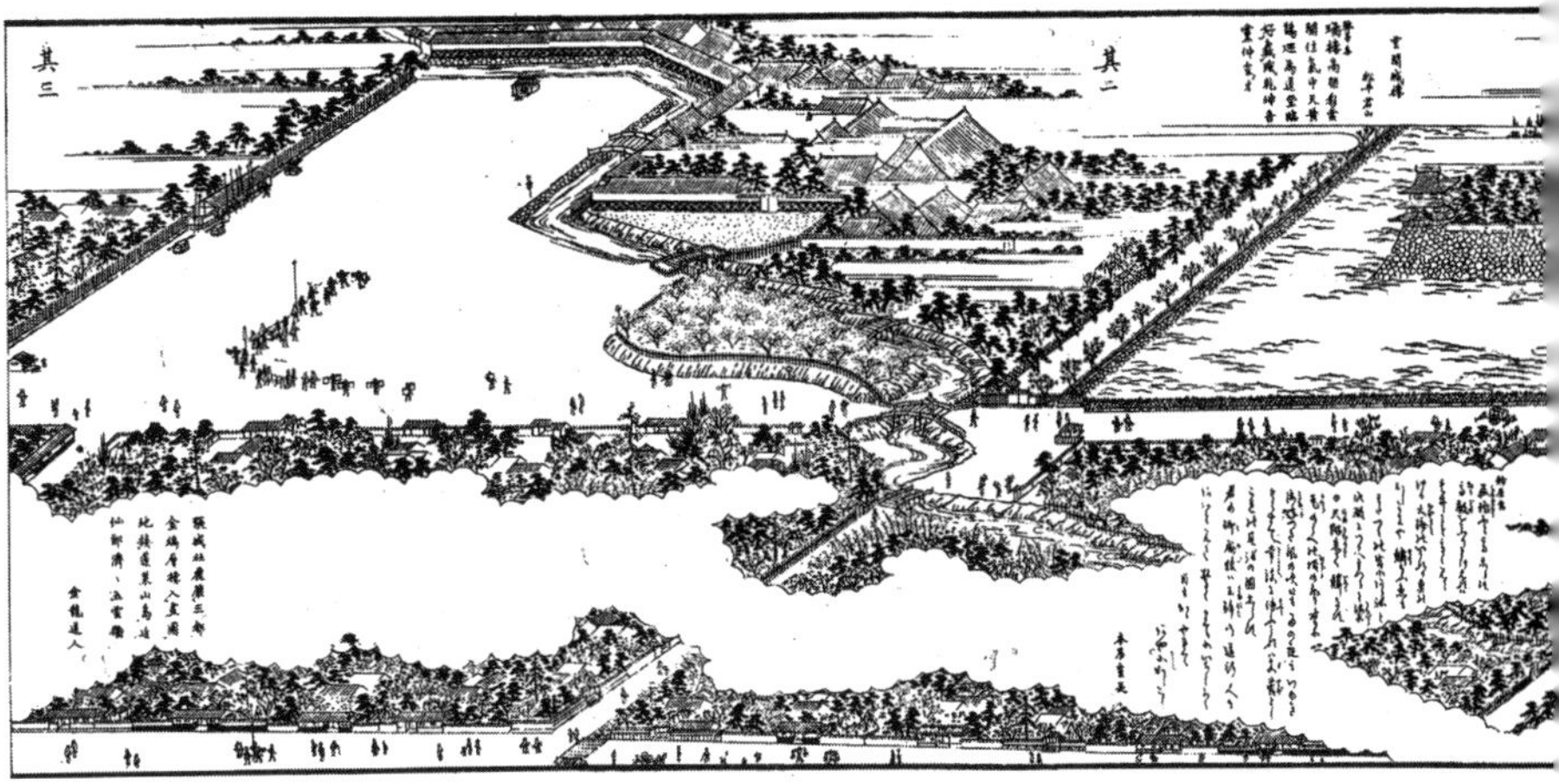

西からみた名古屋城（国立国会図

あり、移転した後も二本の松が残されていたが、一本は早くに枯れ、もう一本は堀の上に這い伏すように伸び、水中に突き立てられた杖柱で幹を支えていた。あるとき、徳川宗睦が鷹場へ向かう際にこの松の前で堀の上のほうに向いて会釈された。お供の者らが不審に思い、晩になって宗睦に尋ねると、「アノ這松に天狗居て、予が通れる時、丁寧に礼せしを請て通りし也。皆の者も見つからんか」と仰せられた。さすが宗睦公の御徳威には幽界の鬼の類いも崇敬を尽くすものか、と皆恐れたという。

この宗睦にはつぎのような話も残る。天明三年（一七八三）秋、長雨により庄内川右岸の村々で堤が破れそうになったとき、宗睦が熱田に使者を送り祈願したところ、見事に天候が回復し、破堤を免れた。これに感じ入った町村民や藩士も、宗睦のおかげと無賃で堤防の補修工事に参加した。

実のところ、為政者にだけ天狗が見えたとか祈願によって領民が救われるといった怪異話は珍しいものではない。まして徳川宗睦は、在任期間の宝暦一一年（一七六一）から寛政一一年（一七九九）、行政組織や藩校明倫堂の整備など積極的に藩政改革を進め、尾張藩中興の祖として評価が高い人物である。先に紹

宗睦の熱海祈願と天候回復（名古屋市鶴舞中央図書館蔵「御冥加普請之記幷図」）

介した、天守の大半櫃を移して水害が起きたという年を、奥村得義の推測通り明和四年（一七六七）とすれば、このときの藩主も宗睦である。成功するにせよ失敗するにせよ、宗睦には異界や怪異の話が多い。

宗睦かはわからないが、藩主が異界のものと関わる話として、やはり『金城温古録』に収められた狐憑きの怪異話をつぎに紹介しよう。

藩主にかしずく御深井御庭の狐

名古屋城御深井丸・二之丸・三之丸から堀をはさんで北側、『尾張名所図会』では城の左の部分に描かれているそこには、藩管轄の御深井御庭が広がっていった。現在は名城公園となっているその一帯の特に東北付近は、江戸時代にはひとけもなく、狐が住んでいた。あるとき藩主が、代々藩医を務める賀島道円に、烏犀圓《うさいえん》なる漢方薬の調合を命じたところ、材料に狐の肝が必要であったので、餌差の市兵衛が狐を捕らえた。しかし市兵衛は別の用ですぐに帰らなくてはならず、台所の中間《ちゅうげん》が、肉と皮をもらうのを条件に生き肝を抜く作業を引き受けた。

この中間が狐から生き肝を抜いたその頃、清洲にいた市兵衛の妻に突然狐が取り憑いた。人々が驚く中で彼女は「役人でもない者に殺される謂われはない。この女を取り殺してこの恨みをはらさん」と叫び狂った。「それは道理ではない。殺した者に取り憑くならともかく子細も知らない女を何故苦しめるのか」と問うと、取り憑いた狐は「中間のように殺すばかりか肉まで食らうような強者には取り憑くのも難しい。だから代わりにこの者を殺すのだ」と、憑かれた妻の狂気は激しさを増した。

それを耳にした藩主は、「狐は霊なる者である。道理をもって言い聞かせれば聞き分けることもあろう」と、間瀬権左衛門を使者に遣わし、取り憑いた狐に「命じたのは藩主であるのに、なぜこの者を苦しめるのか。今回狐を捕ったのは、遊びでも狩りでもなく、薬を調合するためである。同じ死に至る命ならば人のためになるのは喜ばしきことではないのか」と申し聞かせると、狐は「このような畜類に大君の厳命、ありがたく承る」と涙を流して、たちまち女の身体を離れて消え去った、という。

話の舞台である御深井御庭は、江戸後期には果樹が育成されていたが、元々は薬草園であった。地形的には名古屋台地からはずれた低湿地で、平面的・直線的な名古屋城と異なり全てが曲線で形作られているような空間である。合理的構造を持ち、かつ天守の神威に守られた名古屋城郭内では押さえ込まれた怪異が、城郭外に湧き出たかのようである。

怪異のそもそもの原因となった漢方薬の烏犀圓は、江戸、金沢、佐賀などの薬種商の元でそれぞれ調合、販売され、名古屋でも町医小宮山宗法が看板を掲げていた。製法に定めはなく地域によって異なるが、一七世紀末に本草学者人見必大が著した『本朝食鑑』には、昨今は生きたままの狐の腹を割いて取った肝を使用するとある。

面白いことに、同書で人見は、狐について「本性善く、死に際を全うする」「その肝をとられる時、狐は剛直にして動かず、膚は撓まず、目は逃《まじろ》がず、臟腑を剔り尽くされて後に死ぬ」と、あたかも実直で勇猛な武士であるかのように評価している。怪異を起こした御深井御庭の狐も、主の命令で薬となるのは喜んで受け入れても食肉となることは断固拒絶するという、忠義と誇りに満ちた家臣の気概をみせ、藩主もまた、狐を聖なるものと考えている。狐に関するこうした見方は、当時の人々の間で共有されていたようである。

この怪異話に出てくる藩主が誰かは特定できない。藩主の使者にたったという間瀬権左衛門について、尾張藩士の名簿である『藩士名寄』（旧蓬左文庫所蔵史料一四〇―四、徳川林政史研究所所蔵）を繰ると、一字違いの「間瀬権右衛門」なる人物が掲載されている。間瀬権右衛門は江戸四谷藩邸にて宗睦の弟である松平義敏に付けられた家臣で、その子も同名を継ぎ、二代にわたって藩主の日常生活の諸事を司る御小納戸、藩主の奥方などの奥向きを担当する御広敷などの部署に就いている。仮にこの権右衛門が間瀬権左衛門とすれば、伝

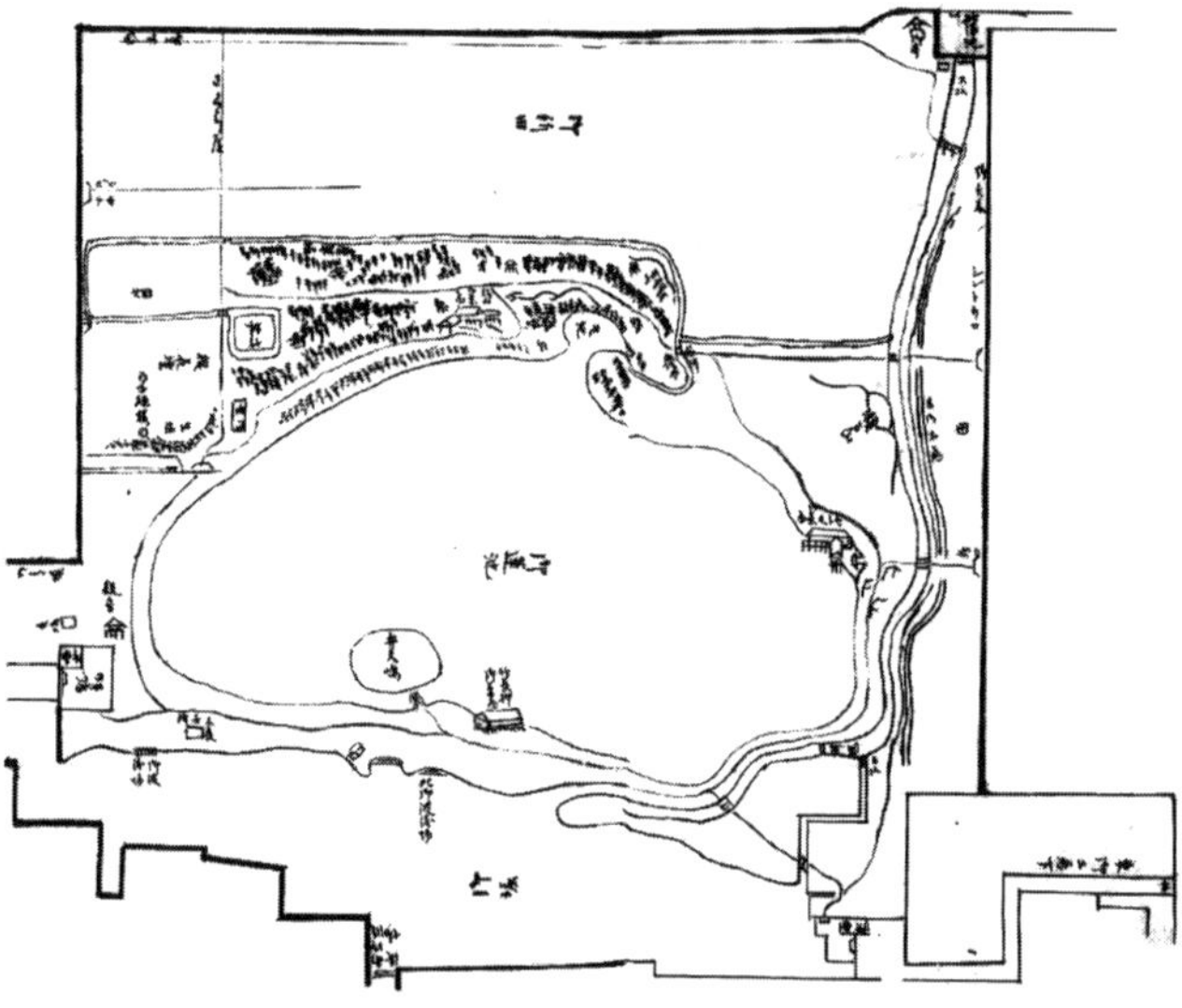

御深井御庭の図（名古屋市鶴舞中央図書館蔵『金城温古録』）

承の藩主は宗睦かそれ以降の藩主ということになろう。

なお、『金城温古録』はこの狐憑きの怪異を紹介した直後に宗睦と狐に関する小話も載せている。御深井御庭の狐が、宗睦の妻の転陵院の夢に出て、子が多く生まれたため下された扶持では足らないので、少々増やしてほしいと願った。聞いた宗睦は、その通り食料を増やして夜々たまわった。南御座の間の御庭の松の木にそれを持っていくと、狐が出てきてこれを食べたという。家臣のような狐の描写は、先の怪異の狐とも通ずるものがある。

このように御深井御庭の狐は藩主により大事に扱われていたが、城郭南部の三之丸、上級藩士の屋敷地では、全く別の形で狐の怪異が出現している。一九世紀前半に桑山好之によって編まれた『金城九十九塵』にある、文化一一年（一八一四）に野崎家の当主が蟄居となった大騒動にまつわる話が、それである。

三之丸上級家臣屋敷の怪異—狐の怒り・神棚の呪い—

『金城九十九塵』が言うには、野崎家の先代の当主の話である。あるとき彼が奥の書院を建てようと庭の前栽を掘ると、屋敷に昔から住む野狐の穴が見つかった。これも壊すことにしたその夜、当主の夢に狐が現れて「私はこの屋敷内に久しく住む狐である。住処をそのままにして助けてくれれば、これからさらに屋敷を鎮護し、武運長久を約束しよう」と告げた。ところが、勇壮な当主は「これは奇怪な虚夢である。なんの、この畜生め」と、狐の穴が三つ四つあったところを壊し、その上に罠まで仕掛けて一匹の狐を捕らえ、打ち殺してしまった。

書院が完成した後のこと。当主は本妻をとらず代わりに妾を召し使っていた。この妾に嫡男が生まれたが、どういう訳か、彼女は暇を願い屋敷を出てしまった。そこで当主は、城下町の東門前町の〝あらこ屋豊八〟の娘を新しく妾に迎えた。この女性は見目麗しいものの実に気立てが悪く、悪知恵が働く者であったが、当主は彼女を寵愛し、ほどなく次男が生まれた。妾は、前の妾の子である長男を亡き者として我が子に野崎家を継がせようと企み、折に触れては長男をけなし、針のような小さなことも、悪く大げさに当主に言い聞かせた。彼女に心を奪われていた主人は朦朧として正しい判断ができず、彼女がさかしらに言うのを鵜呑みにして長男を憎み、日々ひどく打擲した。若党がこれをみて折々救い出したが、主に対して強く言うこともできず、誠にいたわしい有様であった。

最後には、当主も物に狂った面持ちとなり、妾が長男をそしるのを聞いて腹立ちまぎれに長男を打ちさいなみ、懲らしめのために瓶の中に押し込めて蓋をし、ついに責め殺してしまった。それをみた妾は笑って瓶に入り、我の思いがかなったと喜んだ。

悪事千里とはよくいったもので、このことがお上の耳に入った。当家の嫡男、しかも藩主へのお目見えも済ましていたところ、当主が物に狂い、我が子をかくも非道に殺害したことが、逐一露見し、野崎家が傾く大騒動に発展した。文化一一年（一八一四）、妾は下手人として府下引き回しのうえ死罪となり、野崎家当主は退隠、養子が相続することとなったが、野崎家の世禄は一千石に半減された。

話はこれで終わらなかった。その後江戸勤めとなった新当主に代わり、その家臣が留守居役となり名古屋中小路の野崎家の屋敷を預かっていた。天保六年（一八三五）の春の夜、新しく留守居役となった山田忠右衛門が、中小路屋敷で休んでいたところ、忽然として周りの座敷が湖となった。老練な忠右衛門はいささかも動ぜず、これは妖しに違いないと心を静めて周囲を撫でてみると畳の手触りがした。さては狐かと思った途端、座敷は元の姿に戻った。別の夜、忠右衛門が手洗いのため廊下に出ると、時ならぬ蛍がひとつ飛んできて彼の手にとまったので、それを捻ると白い粉となってしまった。これはまさしく先の当主に殺された狐の報いであると、その怨念を鎮めるために狐の霊を稲荷明神とあがめ、屋敷の鎮守として小祠を建てたところ、その後は何もおきなかった。

『金鱗九十九之塵』の伝える怪異は以上であるが、尾張藩士で俳人の朝岡宇朝が一九世紀前半に著した随筆集『袂草』（名古屋叢書23）にも、野崎家の別の怪異が載せられている。曰く、昔から野崎家では書院の神棚を開くことはなかったが、それを先代当主が開けたところ赤い御幣が置かれていた。その年に野崎家に大きな変事があり、三千石の知行がわずか千石になってしまった、と。どちらの話にも、野崎家の先代当主の折に、敷地内の書院がきっかけで事件が発生し、家が傾いたという共通の流れがある。

藩主と野崎家にまつわる怪異の意味

実は、文化一一年野崎家で起きた事件の詳細は、尾張藩大道寺家の用人水野正信による『青窓紀聞』にも記されており、狐のくだりが無い他は、ほぼ『金鱗九十九之塵』と同じ顛末である。当主は野崎主税で、事件の中心となった妾は、東門前町の借家に住む文蔵の娘「きの」、長男は太郎作、次男は権次郎と、それぞれの名が明記されている。また、獄門になった「きの」、乱気と判断されて隠居の上長く押し込めとなった主税のほか、主税の奉公人三人と権次郎の乳母も追放となったという。なお、天保六年に邸内に稲荷を建てたという留守居の山田忠右衛門は、『金鱗九十九之塵』の別の箇所でも野崎家の用人として名を連ねる。

つまり、実際に野崎家に起きた事件が怪異話に発展し、それが二〇年近くたっても尾を引いているのである。これほど野崎家に世間の注目が集まったのは、事件の残虐性に加えて、野崎家の高い家格とも関係するだろう。『金鱗九十九之塵』や『士林泝洄』によると、野崎家の始祖は尾張初代藩主義直に召し出された野崎主税兼供なる者で延宝八年には御国老中（年寄）に就き、本家のみならず分家も御用人などの重職に就いた。知行高は記録によって異なるが、本家に関しては三千石とも言われ、一千石に達する分家もあった。どちらも尾張藩家臣団の中では、上位一割程度に

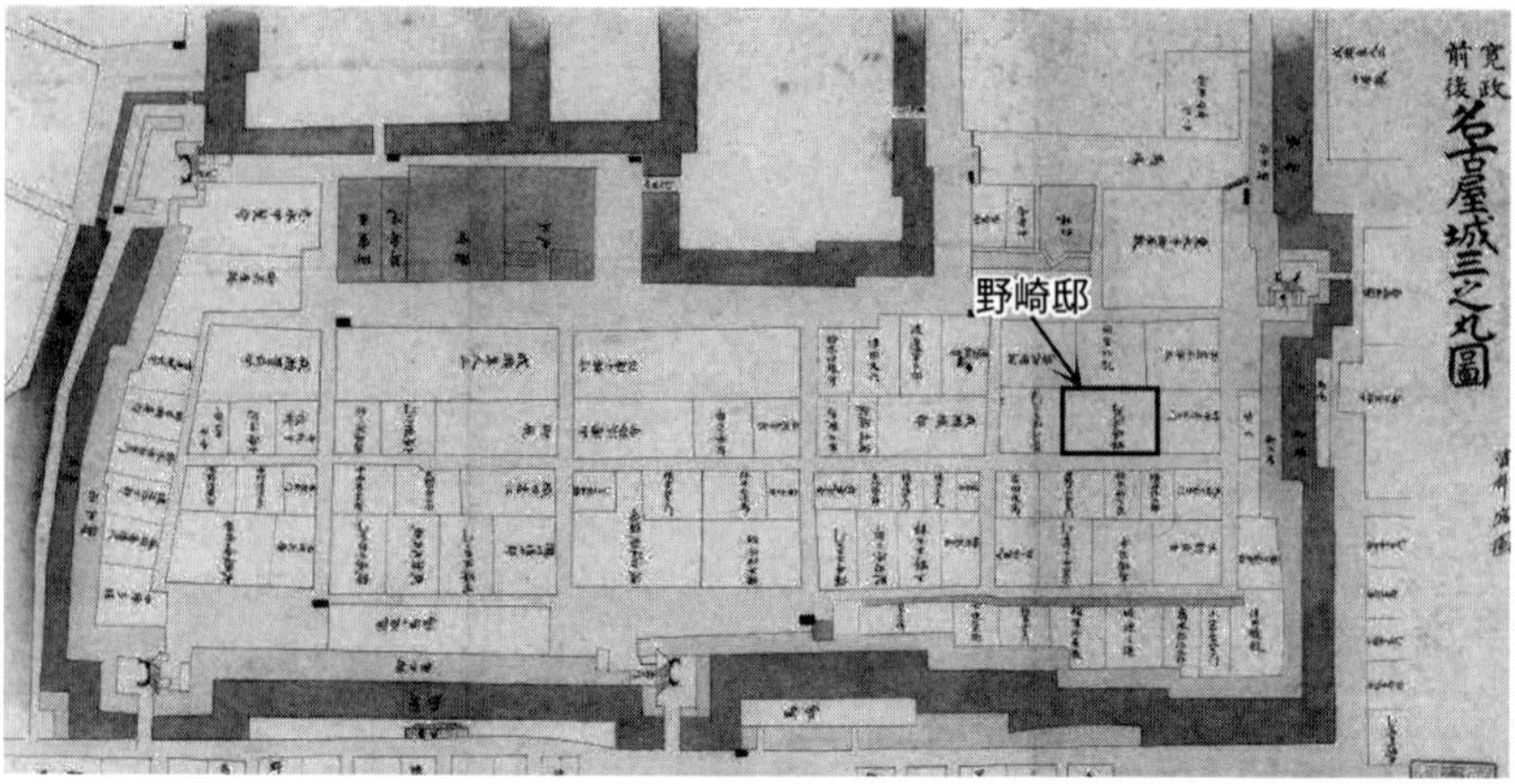

野崎邸の位置
（名古屋市鶴舞中央図書館蔵「名古屋城三之丸図」）

入る知行高である。

さらに、始祖の兼供は、江戸初期の武家伝奏の広橋兼勝の孫と伝えられ、兼供の弟の野崎洪隆の妻は、成瀬正成の弟正則の娘であった。正成は、家康の命により初代藩主義直の付家老となり、三万石を超える知行と犬山城を与えられた、尾張藩家臣団における最大権力者の一人である。つまり、野崎家は紛れもなく名家であり、怪異話のキーワードの一つの「書院」もその象徴として捉えられるものなのかもしれない。だからこそ、野崎家の当主が起こした事件は人々に衝撃を与え、乱気の原因が憶測される内に怪異話が出来上がっていった。狐が武士のように尊重される風潮がある中で、主税の乱気は例えば主税がその狐をただの畜生と扱ったためではと人々が発想するのも、あり得るだろう。同じ狐の怪異話でも、主税と藩主では狐の扱い方と結末が対照的であるのも興味深い。

事件の起きた野崎主税の中小路屋敷は、古地図と照合すると、明治以降は陸軍第三師団の砲兵演習所、現在は名古屋市役所本庁舎敷地内の南の一画にあたる。ここに野崎家家臣の山田忠右衛門が建てたという稲荷社があったのか、今は知るすべもない。

近代の怪異—第三師団連隊長宅の狐—

狐が関わる怪異話は、明治以降も名古屋城周辺に現れる。

小松史生子氏は、名古屋城御深井丸の堀から北西方向にあった俵町（現・名古屋市西区城西三丁目付近）の第三師団第三連隊長河野春庵の居宅で起きた怪異として、妖怪の批判的研究を試みた井上円了が主宰する『妖怪学雑誌』第一〇号掲載の記事を紹介している。

元々怪異の噂のある荒れきった空き家に、明治二九年（一八九六）河野が入居した。すると、出入りのない路地に下駄が揃えてあり五分もたたぬ内にそれが消えたとか、鳥屋に飼っていた鶏が羽一本も落とさずに攫われたとかの怪異が起きた。崇徳稲荷神社に相談すると、屋敷には三、四〇〇年前より狐が住まい、春吉大明神とあがめられていたが一〇数年前より祠が壊れ祭事も行われなくなったため、復興を願って怪異を起こしていたのだとの神託を授かった。そこで河野は邸内北に春吉大明神を祀ったが、その後夜に戸をたたく音がしたが誰もいないという怪異があった。再度崇徳稲荷神社に尋ねると、祀ってくれたことに恩を感じた春吉大明神が予知した変事を河野に知らせたとのことで、実際に変事が起きた。

話はここで終わる。小松氏は、明治八年（一八七五）死去の尾張藩一六代藩主徳川義宜の霊廟や、名古屋城三之丸北端の土居下から東方に抜ける、藩主の城からの緊急脱出ルートとの位置関係に注目して、このような怪異話が生まれた背景を考察されている。なお、藩主の脱出を助ける土居下同心の末裔で明治三〇年生れの岡本柳英氏も、土居下でも不思議な自然現象を体験したと書き残している。

ともあれ、江戸時代、名古屋城郭内では怪異らしい怪異はない一方で、その周辺に狐を中心とする怪異話が生まれ、第三師団が城郭に入った明治期以降もそれは続いた。しかし、近代化あるいは都市化の中で人と怪異の関係は変わっていく。江戸時代には人の前に姿を現していた怪異話の狐たちは、明治期にはただ〝神のお告げ〟として語られるのみとなり、存在が薄れていったのである。

寄り添う異界―コンクリート再建工事時の石地蔵発掘と祈祷―

現在、木造再建計画が進む名古屋城だが、戦災で焼失した後の昭和三四年（一九五九）コンクリート再建工事の際の怪異めいた話を、最後に紹介したい。

再建中に、天守の東北角すなわち鬼門に位置する石垣から石地蔵が掘り出された。宗教的な意味の何か、との憶測も生まれたが、その周辺の石垣からは墓石らしいものも見つかっており、単に、石材不足の築城時にどこかの寺から調達したと考えられている。

この事件を中部日本新聞は連載企画「新名古屋城―秘められた話題―」（昭和三四年九月五日朝刊）で、次のように紹介した。曰く、全体に事故も少なく工事が進行する中で、天守東北角だけは腕利きの石屋が石を足に落として骨折するといったような事故が比較的多く、不思議がられていたところに、そこの石垣から石地蔵が出たことで皆納得し、お祓いをしたうえに、作事奉行の小堀遠江守政一と大工棟梁の中井大和守正清の墓所へ祈願に出かけた、と。

少々〝怪異〟らしくも見えるが、このときの設計者の城戸久氏は、手記の中でこの顛末を次のように書き残されている。「基礎のケーソン工事もようやく終わって、いよいよ上部の骨組みの鉄骨の組み立てがはじまった。しかし困ったことがおこって来た。それは鉄骨の組み立てで鋲打ちが進んでゆくにつれ、職人の間に負傷者が毎日のように出てきたことである。鉄骨の鋲打ちは赤熱したものを、下からホウリ投げ、上でうまくうけ止めて、鋲打ちされるの

天守石垣から発掘された石地蔵
名古屋タイムズ・アーカイブス委員会蔵

である。そのときハズミで手もとが少しでも狂うと、受け止め損ねて、まわりの人に当たって負傷することになる」。つまり、特殊かつ危険な工法が用いられたのが事故の原因なのだが、これに加えて城戸氏は、歴史ある名古屋城再建にあたり職人の心に畏怖が生まれたのではないかと考えた。そこで「この畏怖感をとり除くことが、負傷者を出さないための先決である」と、氏は職人の名簿を携え、工事代表者数人も案内して、小堀と中井の墓所へ出かけて祈願されたのである。その後事故が減ったことについても城戸氏は「祈願のためとは、必ずしも言いきれるものではなかろう。しかし、それ以来、諸職の人に安心感を与えたことだけはたしかであろうと思う」と述懐されている。

科学的な考え方が人々の中に根付いても、心情は些細なことで揺れ動く。大半櫃も狐も消えてしまったが、怪異への畏怖が人心から無くなることはないだろうし、令和二年（二〇二〇）に疫病退散の御利益があるとして江戸時代の妖怪アマビエが流行したように、異界のものに祈り寄り添うことで人は心の安定や豊かさを得られもするのである。

【参考文献】
市橋鐸「金鯱城噂話」（名古屋城文化財調査保存委員会編『名古屋城紀聞 全』所収、名古屋市経済局貿易観光課、一九五九年）
城戸久『特別史蹟重要文化財 名古屋城雑記』（名古屋城振興協会、一九七八年）
岡本柳英『秘境 名古屋城御土居下物語―特殊任務と下級武士たち―』（名古屋城振興協会、一九八〇年）
小松史生子「尾張名古屋、魔の往く道―都市空間のなかのオカルト街道―」（一柳廣孝監修、今井秀和・大道晴香編『怪異の時空― 怪異を歩く』所収、青弓社、二〇一六年）

伏見城

落城の記憶と血天井

久留島　元

伏見城（伏見桃山運動公園）

京都府京都市伏見区桃山町大蔵四五

アクセス　近鉄・京阪丹波橋駅から徒歩二〇分

　　　　　ＪＲ藤森駅から徒歩二二分

養源院

京都府京都市東山区三十三間堂廻り六五六

アクセス　京都駅から市バスで「博物館三十三間堂前」バス停または「東山七条」バス停下車　徒歩三分　京阪七条駅から徒歩一〇分

養源院と伏見城

養源院《ようげんいん》は文禄三年（一五九四）に戦国武将であった浅井《あさい》長政《ながまさ》の菩提を弔うために、長女淀殿《よどどの》の願いにより豊臣秀吉によって建立されました。その後、元和五年（一六一九）に火災に遭い焼失しましたが、二年後には淀殿の妹・崇源《すうげん》院《いん》（長政三女）によって再建されました。……このように浅井家にゆかりの深い養源院はもと天台宗、現在は浄土真宗遣迎院派の寺です。本堂は伏見城の遺構と伝えられる建

養源院　外観

物で、落城の時、徳川方の鳥居元忠らが自刃した廊下は供養のため天井に上げられ、「血天井」として有名です。

『養源院建造物調査報告書』住職吉水行玉氏による序文より

京の血天井

京都屈指の観光地「蓮華王院」、通称三十三間堂の向かいに「養源院」がある。ここは豊臣秀吉の側室である淀君が父浅井長政のため創建した寺だが、徳川秀《とくがわひで》忠《ただ》夫人の江《ごう》（江与《えよ》、督《ごう（とく）》とも）のちの崇源院が再興し、以来徳川家の菩提寺となったという数奇な来歴をもつ。郷土史家、竹村俊則が執筆した『昭和京都名所図会』には次のように紹介されている。

養源院は三十三間堂の東にある。もとは天台宗であったが、終戦後、親鸞《しんらん》聖人の教義を採り入れて浄土真宗にあらためた。

当院は豊臣秀吉の側室淀君が、その父浅井長政の追善のため、文禄三年（一五九四）成伯法印（長政弟）を開山として建立した寺で、長政の法号養源院をとって寺名とした。建立後ほどなく火災にかかったが、元和七年（一六二一）淀君の妹に当る徳川秀忠の夫人崇源院によって再興され、それ以来、徳川家の菩提所となった。今もなお徳川歴代将軍の位牌を祀っている。

ただ、現在この寺はまったく別の怪異で知られている。それは本堂の天井に手や足の血形が浮かび上がるという「血天井」である。これについても竹村著から解説を引く。

血天井は本堂の正面と左右の廊下に張りめぐらした天井をいい、今なおところどころに血痕らしき斑点をとどめている。慶長五年（一六〇〇）関ヶ原の前哨戦に伏見城が敗れた際、徳川家の臣鳥居元忠《とりいもとただ》以下の将士が自刃して果てたときの板間といわれ、その菩提を弔うために天井に利用したものとつたえる。

血天井は名所になっていて、門前に大きな立て看板もある。ところが、この血なまぐさい伝承を伝える寺は、養源院だけではないのである。京都市内だけでも西賀茂の正伝寺《しょうでんじ》、鷹ヶ峯の源光庵《げんこうあん》、大原の勝林院内宝泉院《しょうりんいんないほうせんいん》、花園の妙心寺天球院《てんきゅういん》があり、ほかに宇治市の興聖寺《こうせいじ》、八幡市の神應寺《じんのうじ》など、いずれも伏見城の遺構を天井板に使ったと伝え、血痕らしき暗褐色の斑点をとどめている。

鳥居元忠は、徳川家でいうところの「三河以来の忠臣」である。慶長五年（一六〇〇）の関ヶ原合戦では、徳川家康の留守を預かり伏見城に入るが、隙を突いて挙兵した石田三成ら西軍に攻め落とされた。この戦いは同年七月十九日ごろはじまり、八月一日、終結した。籠城方は防衛戦力を集中するため火を放ち、元忠らは焼け落ちる城のなかで自刃したとも、寄せ手の鈴木（雑賀）孫市に首を落とされたとも伝わる。この壮絶な落城の記憶が血天井伝承を生んだのだろう。

ところが、松浦静山《まつらせいざん》『甲子夜話《かっしやわ》』続編八五には、養源院に近い、方広寺にも血天井があったと記される。これは方広寺大仏殿の絵図に書き込まれた記事である（傍線は引用者）

この開帳のとき、京都を通行せし者来りたるに聞きしは、かの大仏の宮の殿内、宝物を置し間所々ある中、書院の縁側、幅二軒長さ十間ばかりの所の板天障に、血つきたる手のあと、足かた、又はすべりたるかと見ゆる痕あり。其色赤きもあり。黒みづきたるも有り。板天障一面この如し。人伝ふ。昔し関白秀次生害のとき、随従の人、腹切り刺ちがへ抔して死したるときの板舗の板を、後にこの天障板に為しものと云。

ここでは血天井は「殺生関白」といわれた秀次自害にまつわるものという。血天井は養源院だけ、伏見城だけにまつわる伝承ではなかった。そういえば、一時期テレビを席巻した心霊番組でも、窓ガラスや車のフロントガラスにべったりとつく血みどろの手形は定番であった。あれは、血天井から続く「お約束」だったのではないか。

南方熊楠は、大正四年の『人類学雑誌』に発表した「幽霊の手足印」という文章で次のように記している。

予幼少の時亡母に聞いたのは、摂津の尼崎の某寺堂の天井におびただしく幽霊の血つきの足跡が付いたのを見た。戦争とか災難とかで死んで浮かばれぬ輩が天井の上を歩く足跡と聞いた、と言われた。

兵庫県、尼崎の寺にも血天井があったという。この寺がどこをさすのかは特定できないが、熊楠の母、すみは、遠縁にあたる紀州候お抱えの医師から聞いた昔話をよく話していたそうである。この話もそのひとつかもしれない。博引旁証の熊楠は『甲子夜話』記事などに触れつつ天井に足跡がつくのは幽霊がさかさまに歩くとされたからか、などと話題をひろげている。

ところが、この伝承には意外な種明かしが待っていた。熊楠が熟練の大工に確かめたところ、釘打ちのとき天井板に手をつくと脂が染み、風当たりの激しいところでは手形だけ残ることがあるというのである。これは現在も定説ら

血天井
冊子『養源院と障壁画』養源院、2017年8月、P.27より。

しく、大橋竜太氏は平井聖編『日本の建築文化辞典』（丸善出版、二〇二〇）所収の「古建築にまつわる都市伝説」という項目のなかで次のようにまとめている。

＊武将の伝説　眉唾の逸話は、武将の伝説と結びつけられることが多い。たとえば、工事の際に付いた職人の手の油が血痕のように見える天井が「血天井」と呼ばれることがあり、しばしば戦国武将の血痕が付いた板を建物の天井に用いて供養したと説明される。しかし、こういった事実に関する史料はなく、材の転用を確定するような事例も見つかっていない。また、常識的に考えて血痕が付着するのは、薄い板が用いられる天井板や壁板よりも、比較的厚い板が用いられる床板のほうが圧倒的に多かったと考えられる。床板を薄く加工し、天井板として再利用するのは技術的にも困難であり、その真偽は疑われている。

専門の職人にいわせればなんでもない話が、どうして戦国時代の血なまぐさい伝承として各地で脈々と語られたのか。ここではもっとも典型的な京都養源院の事例を中心に、戦国の記憶がどのように語られてきたのか、考察してみよう。

伏見城落城と養源院の血天井

まず血天井の由来として伝わる伏見城についてまとめておく。いわゆる伏見城は文禄五年（慶長元年、一五九六）豊臣秀吉が築城したが、震災や、関ヶ原の戦災を経て何度か移転、再建され、元和九年（一六二三）に廃城となった。

昭和になって鉄道会社の運営する遊園地「伏見桃山城キャッスルランド」のシンボルとして現在の伏見桃山城が建てられ、平成一五年（二〇〇三）に閉園してからは京都市によって伏見桃山城運動公園が整備されている。

伏見桃山城　城門

伏見城の考古学的分析については大阪歴史学会編『ヒストリア』二二二号が「伏見城研究の成果と課題」という特集を組んでいる。それによれば、築城から廃城まで、五期にわけて考えられるという。

第一期　文禄元年（一五九二）、豊臣秀吉が関白職を豊臣秀次に譲り、隠居所として造営。宇治川畔の指月の岡に築城された。（指月伏見城）

第二期　文禄二年（一五九三）、淀殿が秀頼を生んだため伏見城を居城として改築。

伏見桃山城　近影
落石注意のため近づかないようロープがある

第三期　慶長元年（一五九六）、地震により城が倒壊し、一段高い木幡山に再建（木幡山伏見城）。慶長三年（一五九八）、秀吉が城中で死没。関ヶ原の前哨戦で鳥居元忠が守っていたが、焼失。

第四期a　関ヶ原合戦後、徳川家康により再建され、慶長八年（一六〇三）には伏見城で征夷大将軍の宣下を受けた。同十年（一六〇五）、徳川秀忠が将軍宣下を受ける。

第四期b　元和六年（一六二〇）、徳川秀忠により伏見城の廃城が決定するが、家光の将軍宣下を伏見城で行うため元和九年（一六二三）に改修。その後、廃城となった。

第四期の伏見城は徳川幕府の京都における拠点であり、中井均氏は「伏見幕府」という言葉でその重要性を指摘している。さらに中井氏は養源院の血天井にふれ、「現在、伏見城からの移築と聞くと、誰もが豊臣秀吉の伏見城の建物を移したものだとイメージするであろう」が、「実際には徳川期の伏見城の建物が移築されたのである」として、伏見城の建材が全国に下賜され、「伏見櫓」として分布した点に注意している。血天井についてはともかく、伏見城の建材が下賜されるという事実はあったらしい。

では、養源院も鳥居元忠の戦死を顕彰するため伏見城の建材が使われたのだろうか。少々野暮ではあるが真偽を定かにしておこう。

養源院の建築については、近世初期の寺院様式を残す建造物として、また豊臣家、徳川家にゆかりの寺院として、歴史的な価値が高いと評価され、八棟が京都市の指定有形文化財に指定されている。平成二七年（二〇一五）には京都伝統建築技術協会による詳細な報告書、および報告書にもとづく中村伸夫氏の論考が公開されている。

伏見城跡残石　御香宮境内にある伏見城跡残石

養源院の資料としては、安永七年（一七七八）刊行の『扶《ふ》桑鐘《そうしょう》銘《めい》集《しゅう》』に創建の由来を記した梵鐘銘が転載され、天明六年（一七八六）幕府に提出された『由緒書』がある。これにより創建、焼失から再建、修造の年次を確認することができる。

注目すべきは元和五年（一六一九）二月に起きた火災からの再建である。再建の年次は鬼瓦の刻銘（元和七年二月吉日）からも、元和七年前後であることが明らかであるという。ところが養源院側の資料には伏見城の建材にまつわる記述はない。そもそも関ヶ原の戦いから二〇年以上も血の付いた建材が保管されていたとは考えにくい。血天井とは関わりなく、徳川期の伏見城の建材が用いられた可能性はあるが、養源院側の資料に確認できないかぎり断定はできないだろう。

報告書では「今回、広縁の天井板について、床板を転用した痕跡があるかどうかを調べてみた。……もしも移築されたとすれば、それに伴う痕跡が各所にのこるはずである。今回調査した範囲内ではそのような痕跡は見つからず、本堂は元和七年頃に新たに建てられた建物である可能性が高い」「本堂が移築されたものかどうかの最終的な判断は、今後の解体修理の際の詳細な調査を俟つ必要があると考えられる」としている。最終的な判断は避けられているものの、伝承については信じがたいもののようだ。

語られる血天井

ところで近世に多く刊行された京都の地誌や名所案内には、意外にも養源院の血天井伝承は確認できない。崇源院の墓所で浅井長政ゆかりの寺と述べられるだけである。

寛永五年（一六二八）刊行の『京内まいり』は、京都市内の寺社仏閣見学ルートを三日間の行程にわけて紹介している便利な旅行マップだが、ここでは養源院は智積院、妙法院門跡とともに常には平民は出入りできず、見どころもないと注記されている。しかし、別の地誌では元三大師や聖天をまつる寺院として項目をあげていることもあるので、まったく参詣を許さなかったわけではないようだ。

地誌のなかでは寛政一一年（一七九九）の秋里《あきさと》籬島《りとう》著『都林泉名勝図会《みやこりんせんめいしょうずえ》』巻三に、養源院所蔵の古法眼（狩野元信）筆のふすま絵を紹介する注記として「当院の客殿書院は伏見城の館舎をこゝに引移すなり」とあって、客殿書院に伏見城の建材を用いたと注記している。ただし血天井の伝承にはふれない。

ところが寛政九年（一七九七）刊行の蔀関月《しとみぜきづき》編『伊勢参宮名所図会《いせさんぐうめいしょずえ》』四には、勢州度会《わたらい》郡久留山《くるさん》威勝寺《いしょうじ》の血天井伝承とともに養源院の伝承が記されている。

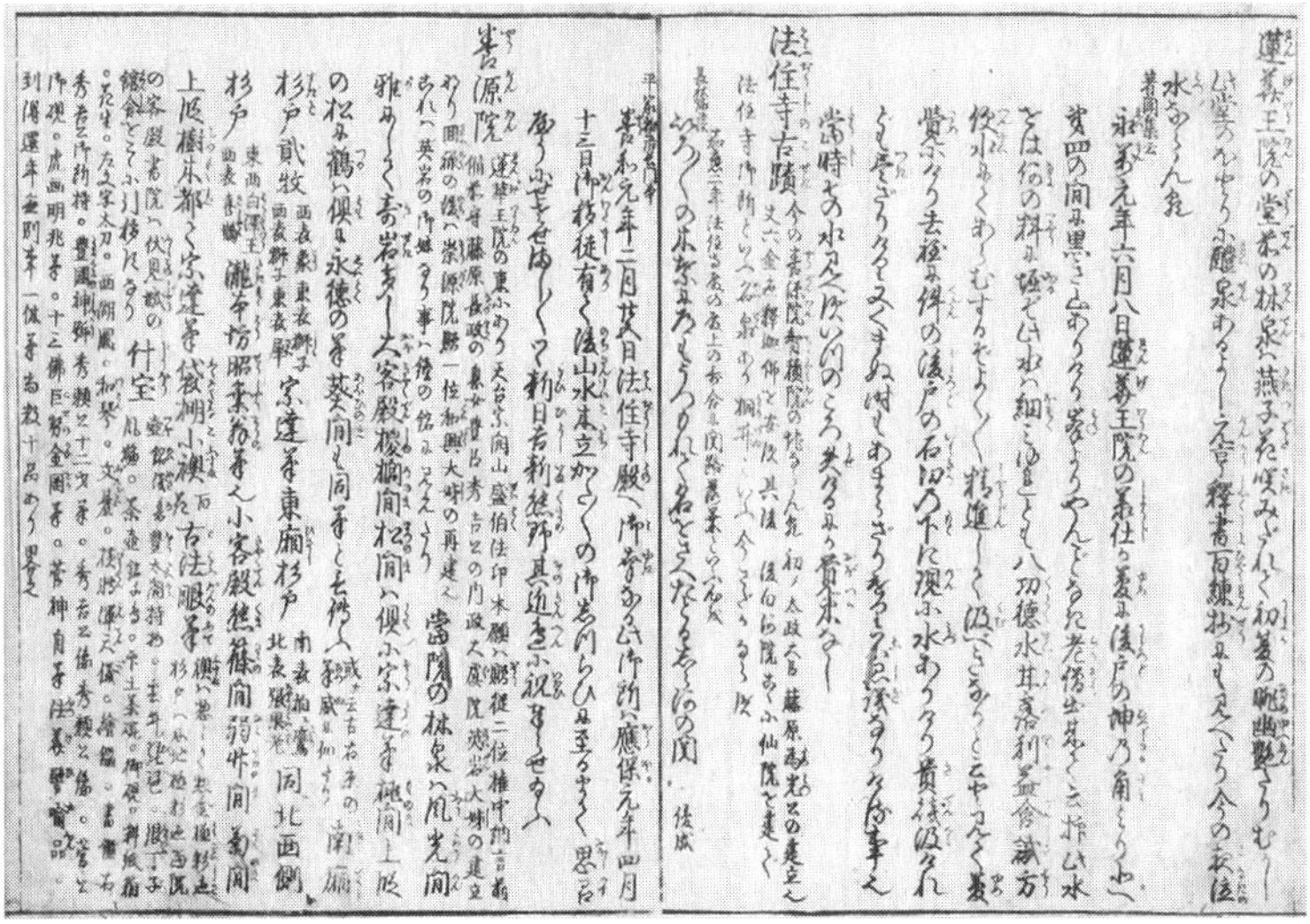

『都林泉名勝図会』巻三養源院（国際日本文化研究センター所蔵）

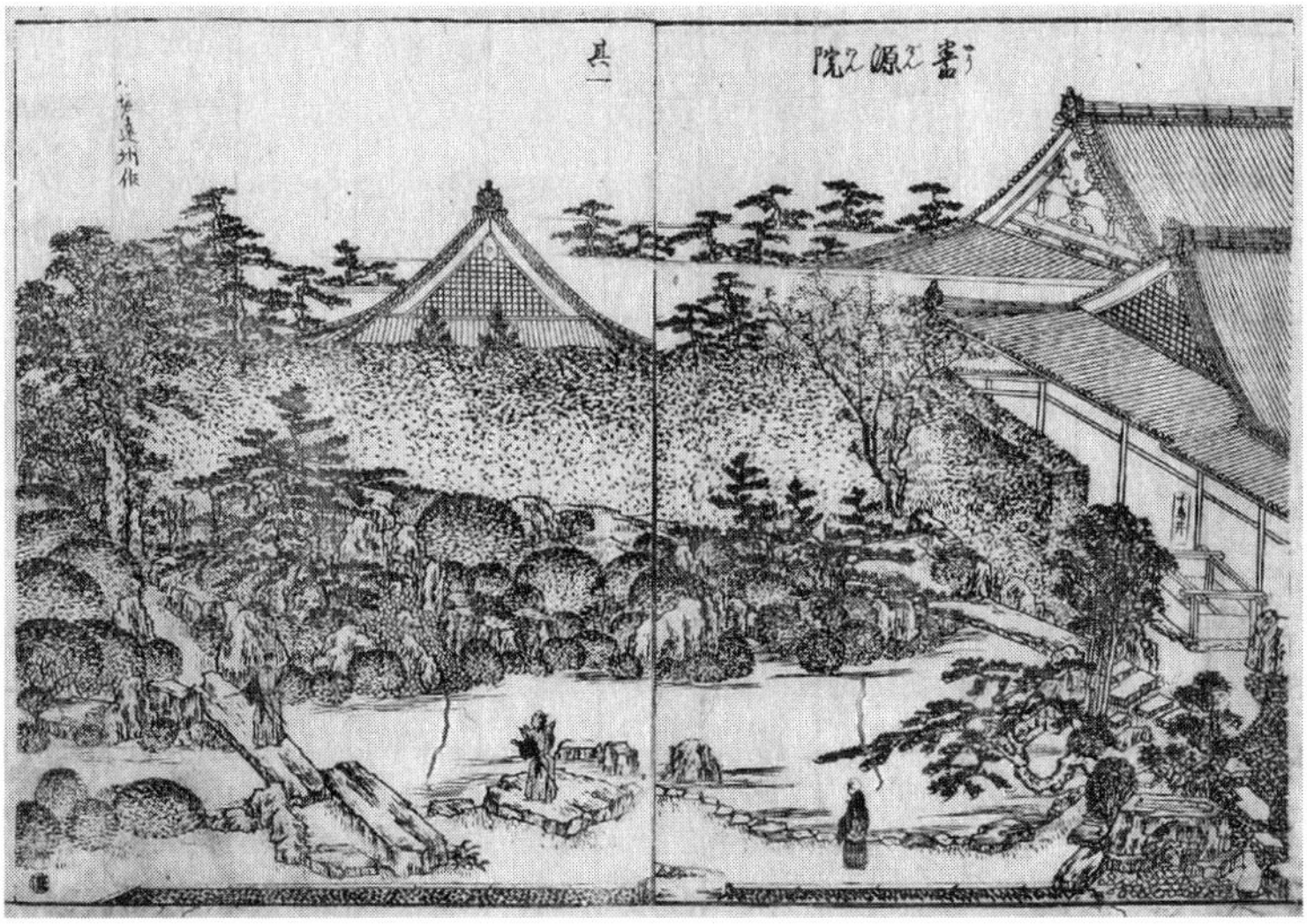

『都林泉名勝図会』巻三養源院（国際日本文化研究センター所蔵）

昔久留喜左衛門威勝といふ人建立せし故に寺号とす。其後再建より今のごとく広大になりて、大覚寺の末寺僧正蹟とはなれり。客殿は長谷川等室画なり。本堂の天井には人の手足の形多く、赤き色にて一面に見へたり、是を俗に三好討死の時の血に染たるを、天井とせしといふ。又洛の養源院にも、桃山の血天井といへる物あり、又堺の寺にも此類あり。こゝを以て思ふに、是木理自然の斑文にして、血にそみたるにはあらざるべし。

威勝寺の血天井は三好氏にまつわるものとされるが、同様の伝承が他にもあると指摘する。そのうえ「木理自然の斑文」として、近世的合理主義のなかで怪異を解釈していることも興味深い。秋里籬島は『伊勢参宮名所図会』撰述にも関わったとされるが、『都林泉名勝図会』にはあえて養源院の伝承を記さなかったのだろうか。

このように血天井伝承は、確かに近世には伝わっていたが、現在のように広まっていたわけではなかった。思い返したいのは、『甲子夜話』で、方広寺の大仏開帳にあわせて血天井を見学したと書かれていたことである。開帳とはふだん秘仏としている本尊や仏像、また霊宝などを一定期間だけ公開し、信者に直接参拝する機会とすることである。近世には寺社が修造建築のため、また収益のため、しばしばイベントとして行った。方広寺のように境内で行うものを居開帳、出張して行うものを出開帳という。地方の寺院が江戸、京など都市部で出開帳を行うと、めったに参拝できないとあって庶民も大勢参加したのである。実は養源院は出開帳のためしばしば使われていたようなのだ。

近世京都の開帳について、八木意知男氏が『妙法院日次日記』をもとに年表を作成している。このうち養源院で行われたものを抜粋してみると、

・享保十一年（一七二六）二月十一日から「紀寺璉城寺」が本尊開帳。
・享保十四年（一七二九）八月から十月にかけて「丹州船井郡池上村五大山大日寺」が本尊大日如来ならびに霊宝の開帳。

・享保十八年（一七三三）三月朔日から「高野山萱堂安養山」伽藍本尊開帳
・享保二十年（一七三五）四月、「河州下太子勝軍寺」本尊ならびに霊宝開帳
・元文二年（一七三七）三月から六月、「城州宇治田原大道寺村清寿庵観音堂」本尊ならびに霊宝開帳
・元文三年（一七三八）三月三日から、「泉涌寺塔頭善能寺」本尊ならびに霊宝開帳
・元文四年（一七三九）四月から五月、「城州宇治郡北花山村元慶寺」本尊開帳
・元文五年（一七四〇）三月十九日から五月十日、「和州矢田山金剛山寺」本尊および霊宝開帳
・元文六年（一七四一）三月十五日から五月十六日「信州善光寺」本尊開帳
・元文六年（一七四一）三月十五日から五月十六日「城州相楽寺鷲峯山寺」本尊ならびに霊宝開帳
・寛保二年（一七四二）三月十七日から、「江州堅田海門山満月寺浮御堂」本尊ならびに霊宝開帳
・寛保三年（一七四三）四月二十七日から五月二十一日「江州栗太郡大石庄若王寺」本尊開帳
・延享五年（一七四八）三月十一日から「妙法院末専貞寺」本尊開帳
・寛延三年（一七五〇）「小松谷上馬町三嶋大明神」開帳

となる。「信州善光寺」は、のちに善光寺中興とされる等順（一七四二〜一八〇四）が善光寺八十世別当をつとめたあと養源院住職に就任するなど関わりが深い寺である。ほかにも養源院末寺にあたる大和の「紀寺璉城寺《きでられんじょうじ》」（奈良市西紀寺町璉城寺）、同じ天台宗末にあたる「大日寺」（京都府南丹市八木町池上の五台山大日寺）などゆかりの寺が多いが、関係性がわからないものもある。

八木氏は多くの開帳記事が見られることから「現東山七条は京都国立博物館が存し、折々に人々の目を寄せつける。この博物館が当該地に設置される以前、既にして博物館的役割を当該地が担っていた」とまとめている。養源院

大和長岳寺の血天井

周辺は、観光客が往来する繁華な場だったことに加え、方広寺、豊国神社など豊臣秀吉ゆかりの寺社と隣接していた。伝承の生まれる条件はそろっていたといえるだろう。

血天井伝承の生成

すでに知られているとおり京都以外でも血天井の伝承は少なくない。奈良県天理市の長岳寺では十市氏を松永弾正久秀が攻めたおりに十市方の兵が逃げこみ、その血痕がついた縁側の板を天井に張り直したと伝える。また徳島県徳島市の丈六寺徳雲院には、新開氏が長曽我部氏に暗殺された時の血糊がついたという血天井が残る。

また茨城県では、徳川家から豊臣秀頼に嫁した千姫が、のちに江戸番町の屋敷で若い男を誘惑しては外聞を恐れて殺した、その屋敷の建材が弘経寺《ぐぎょうじ》の方丈に使われたため、天井には殺された若い侍の足跡が残っているという口碑が残る。これは講談として流布していた宝暦八年（一七五八）刊行の馬場文耕『皿屋舗辨疑録《さらやしきべんぎろく》』における千姫妖婦説にもとづいて、千姫が帰依し菩提所とした弘経寺に伝承が根付いたものらしい。

血天井の実態は、天井板に職人の手足の脂が浮き上がるという現象で、全国どこでも起こりえることだった。それが、それぞれの土地で歴史と結びついて根付いていったのである。伝承の由来を戦国の動乱期に求めるなど類型性が高いが、同じ寺を舞台としていても追善供養のためではなく、ただ戦いの痕跡として語り伝える場合もある。

『京都名勝鑑鮮明写真入』石井善市郎、大正五年
（国立国会図書館デジタルコレクション）

養源院の伝承に関していえば、江戸時代にはさほど知られていなかったように思われる。少なくとも公に語られたものではなかった。江戸時代には伏見城における鳥居元忠の勇戦ぶりを語る軍記物語や戦国逸話集がいくつもあるが、血天井の伝承は語られない。養源院は寺領三百石をもつ寺格の高い寺院で、幕府や朝廷からの支持も厚かったから、ことさら血なまぐさい伝承を喧伝する必要はなかったであろう。

ところが、大正五年（一九一六）に刊行された碓井小三郎著『京都坊目誌《きょうとぼうもくし》』では次のように明記される。

○養源院　三十三間堂廻り。中央東側〔番地なし〕に在り。〔古の法住寺宮の地に係る。〕北門瓦葺西面明二間。南門西面同明き一間半内に注文あり。同明き二間とす。

△本堂　中門内中央にして南面す。東西桀瓦葺入母屋作り。桁行十二間。梁行十間とす。此堂は元桃山城の一部にして。其旧構を移築す。鳥居元忠が憤死せし建物なり。

（後略）

大正四年刊行の『新撰《しんせん》京《きょう》都《と》名勝《めいしょう》誌《し》』でも「鳥居元忠自殺の板間を張りしと伝へ、血天井とていと名高し」、大正五年刊行の山本勘次郎《やまもとかんじろう》『京都《きょうと》名勝鏡《めいしょうかがみ》』という写真入りの名所案内では現在のような大看板が立っている様子が確認できる。このように近代の京都案内では養源院の「血天井」が必ず紹介されるようになる。

京都偕行社が昭和一〇年（一九三五）に編集、刊行した『教練参考《きょうれんさんこう》：日本精神作興資料《にほんせいしんさっこうしりょう》』に至っては、養源院ではなく「血天井」という見出しを設けている。本書は陸軍第十六師団所属の将校が市内の史蹟を解説したものだが、「鳥居元忠以下伏見城に割腹せる床板を天井に張る称して血天井と云ふ」として『名将言行録』や『日本戦史』記事をもとに鳥居元忠の勇戦を活写したうえ、「教訓事項」として次のように述べる。

鳥居元忠以下の義烈の最後又壮なりと云ふべく恐らく秀忠夫人の父浅井長政の冥福を祈るには余りにも突飛なる所作ならんも秀忠の性質其他よりして徳川の為に華々しき壮烈なる行動を賞し又一方後代の士に其の実想の一端を伝へん為斯く処置せられしものならん乎

ここでは、血天井を「義烈」の顕彰、鎮魂とする理解があらわれている。

これまで述べてきたとおり、養源院の血天井伝承は、江戸時代にも断片的には確認できるものである。おそらく、養源院周辺の土地がもつ条件と、伏見城の遺構に関する知識が結びついて定着したものだろう。しかし伝承が強調されるのは、むしろ近代に入ってからであった。さらに、血天井を討ち死にした元忠を顕彰したものとする解釈は、実は近代の観光業と、戦前の忠君愛国教育の中で生まれたものといえるかもしれない。

【参考文献】

南方熊楠「幽霊の手足印」（『人類学雑誌』三〇-九、一九一五年、『南方熊楠全集 第三巻』所収、平凡社、一九七一年）
竹村俊則『昭和京都名所図会』（全七巻、駸々堂出版、一九八〇年〜一九八九年）
平井聖・後藤治編『日本の建築文化事典』（丸善出版、二〇〇〇年）
八木意知男「『妙法院日次記』による開帳記録」（『女子大国文』一四〇、二〇〇七年）
大阪歴史学会編『ヒストリア』二二二（特集 伏見城研究の成果と課題、二〇一〇年）
中井均「伏見城と豊臣―徳川初期の城郭構造―」、福島克彦「伏見城の機能とその破却について」、丸川義広「伏見城の考古学的調査」、森島康雄「伏見城城下町の考古学的調査」、山田邦和「伏見城・城下町の研究史と陵墓問題」、大阪歴史学会委員会「まとめと展望」
京都伝統建築技術協会編『養源院建造物調査報告書』（養源院、二〇一五年）
中村伸夫「養源院の建築―元和再建後の伽藍の変遷と遺構の評価―」（『文化財建造物研究―保存と修理―』二、二〇一七年）

大阪城

豊臣家の怨霊

北川　央

大阪城（大阪城公園）

大阪府大阪市中央区大阪城一－一
アクセス　ＪＲ森ノ宮駅・大阪城公園駅・大阪城北詰駅
　　から徒歩一五分
　大阪メトロ谷町四丁目駅・天満橋駅・森ノ宮
　駅・大阪ビジネスパーク駅から徒歩一五分
　　京阪天満橋駅から徒歩一五分

大坂城は豊臣秀吉が天下統一の拠点として築いた城である。その秀吉は、わずか六歳の愛児秀頼を残してこの世を去る。最期に秀吉は、豊臣政権随一の実力者であった徳川家康に秀頼の将来を託すが、家康は大坂冬の陣・夏の陣を起こし、豊臣家を滅亡に追い込んだ。徳川幕府は秀吉の大坂城を地中深くに埋め、その上に新たな大坂城を築き、西国支配の拠点とした。江戸時代の大坂城では、「陰火《いんか》」「乱争《らんそう》の声」「胎衣松《えなのまつ》」「明けずの間」をはじめ、数多くの怪談が語られた。そうした怪談は、大坂城に着任した徳川幕府の譜代大名や旗本たちの間で語り継がれたが、なぜ彼らはそうした怪異を語ったのか、本稿ではその理由を探ってみたい。

秀吉の遺言

慶長三年（一五九八）八月一八日、天下統一の覇者豊臣秀吉は、伏見城において、六二年にわたる波瀾万丈の生涯を終えた。

死に先立って秀吉は、自らの死後、愛児秀頼を大坂城に遷すよう遺言した。そして、大坂城には前田利家が入って秀頼を後見し、徳川家康には伏見城で天下の政治を沙汰するよう命じた。あわせて、家康の孫娘千姫と秀頼との結婚も決められた（「豊臣秀吉遺言覚書」）。

秀頼の大坂遷座について、イエズス会宣教師フランシスコ・パシオは、「国の統治者が亡くなると戦乱が勃発するのが常であったから、これを未然に防止しようとして、太閤様は日本中でもっとも堅固な大坂城に新たに城壁をめぐらして難攻不落のものとし、城内には主要な大名たちが妻子とともに住めるように屋敷を造営させた。太閤様は、諸大名をこうしてまるで檻《おり》に閉じ込めたように自領の外に置いておくならば、彼らは容易に謀叛を起こし得まいと考えたのであった。太閤様は、これらすべての企てが功を奏するためには上記の普請が完成し、かつ朝鮮、日本両国間に善かれ悪しかれ和平が締結されて、全諸侯が朝鮮から帰国するまでは自分の死が長らく秘されるがよい。かくて自分の息子の将来は、いっそう安泰になるであろうと考えたのであった」（一五九八年一〇月三日付「一五九八年度日本年報」）と解説する。

これによると、豊臣政権下の主要な大名全てが大坂に屋敷を構え、妻子を置くように命じられたかのように思われるが、イエズス会の「一五九九―一六〇一年 日本諸国記」に「都には暴君太閤様が築いた壮大な伏見城があり、大坂には同じ暴君が築いた日本中で最大で最強の、実に堂々とした城がある。既述のように、これら二つの城内に日本

豊臣秀吉木像（大阪城天守閣蔵）

の全領主が、すなわち伏見にはこの都から西域の国々の領主、また大坂には東域の国々の領主が自分の子秀頼とともに居住することを命じた」とあり、慶長五年卯月八日付の島津義弘書状にも、「伏見へハ西国衆御番たるべきよし御掟仰せ出され候」と記されるので、実際は、西国大名は伏見に、東国大名は大坂に屋敷を構えるよう命じられたことがわかる。

秀吉は、この年、徳川家康・前田利家・毛利輝元・上杉景勝・宇喜多秀家《うきたひでいえ》の有力大名五人を五大老に、浅野長政・前田玄以《まえだげんい》・石田三成・増田長盛《ましたながもり》・長束正家《なつかまさいえ》の実務官僚五人を五奉行に任命し、彼らの合議制で政権を運営する仕組みを確立したが、最終段階で秀吉は、五大老の内、徳川家康と前田利家を突出させ、二人を両輪とする体制を作り上げた。そして家康の入る伏見城には豊臣家や前田家に近い西国大名たちを置いて牽制し、秀頼と利家の入る大坂城には家康と親しい東国大名を置いて、彼らの動きを封じようと考えたのである。秀吉は、家康による謀叛を警戒していた。

先の「一五九八年度日本年報」には、そうした事情と、秀吉と家康の間で交わされた興味深いやりとりが記録されている。

「太閤様は、自分亡き後、六歳になる息子秀頼を王国の継承者として残す方法について考えを纏《まと》めあげた。太閤様は、関東の大名で八カ国を領有し、日本中でもっとも有力、かつ戦《いく》さにおいてはきわめて勇敢な武将であり、貴顕の生まれで、民衆にももっとも信頼されている徳川家康だけが、日本の政権を簒奪《さんだつ》しようと思えば、それができる人物であることに思いを致し、この大名家康に非常な好意を示して、自分と固い契りを結ばせようと決心して、彼が忠節を誓約せずにはおれぬようにした。すなわち太閤様は、居並ぶ重立った諸侯の前で、その大名家康を傍らに召して、次のように語った。『予は死んでゆくが、しょせん死は避けられぬことゆえ、これを辛いとは思わぬ。ただ少なからず憂慮されるのは、まだ王国を統治できぬ幼い息子を残してゆくことだ。そこで長らく思い巡らした挙《あげ》句《く》、息子自らが王国を支配するにふさわしくなるまでの間、誰かに国政を委ねて、安全を期することにした。その任に当る者は、権勢ともにもっとも抜群の者であらねばならぬが、予は貴殿を差し置いて他にいかなる適任者ありとは思われぬ。それ

徳川家康画像（大阪城天守閣蔵）

ゆえ、予は息子とともに日本全土の統治を今や貴殿の掌中に委ねることにするが、貴殿は、予の息子が統治の任に堪える年齢に達したならば、かならずやその政権を息子に返してくれるものと期待している。その際、この盟約がいっそう鞏固《きょうこ》なものとなり、かつ日本人が挙げて、いっそう慶賀してくれるよう、次のように取り計らいたい。貴殿は、嗣子秀忠により、ようやく二歳を数える孫娘を得ておられるが、同女を予の息子と婚約させることによって、ともに縁を結ぼうではないか。…』と」。

これを聞いて、「家康は落涙を禁じ得なかった」と記されている。パシオは涙の理由を、「彼は、太閤様の死期が迫っていることに胸いっぱいになり、大いなる悲しみに閉ざされるいっぽう、以上の太閤様の言葉に示されているように、太閤様の己れに対する恩恵がどれほど深いかを、また太閤様の要望に対してどれだけ誠意を示し得ようかと思い巡らしたからであった」と説明したが、「だがこれに対して、次のように言う者がないわけではなかった。家康は狡猾《こうかつ》で悪賢い人物であり、これまで非常に恐れていた太閤様も、ついに死ぬ時が来たのだと思い、随喜の涙を流したのだ。家康は、とりわけ、いとも久しく熱望していたように、今や国家を支配する権限を掌中に収めたのも同然となったことに落涙せざるを得なかったのだ」と付け加えることも忘れなかった。

豊臣から徳川へ

慶長四年正月一〇日、亡き秀吉の遺言の旨に従い、秀頼は母淀殿とともに伏見城から大坂城へと移った。ところが、同年閏三月三日、秀頼の後見人を務めた前田利家がこの世を去る。秀吉が腐心して編み出した徳川家康と前田利家を両輪とする体制はこうして脆《もろ》くも崩れ去った。

同年九月二八日、伏見城から徳川家康が大坂城西の丸に乗り込んだ。これにともない、伏見に屋敷を構えていた西国大名も、大坂に移った。同年卯月八日付の書状で島津義弘は、「伏見の儀は荒野にまかりなるべき躰に候」と嘆いている。

こうして、豊臣政権は大坂城に一元化されたかに見えたが、慶長五年六月一六日、五大老の一人で、再三の上洛要請にも応じない会津の上杉景勝征討のため、家康は諸将を率いて大坂城を出陣した。

家康留守の隙に乗じて、石田三成が、前田玄以・増田長盛・長束正家ら奉行衆と語らい、家康の専横を弾劾《だんがい》し、打倒家康の兵を挙げた。総大将には五大老の一人毛利輝元を担ぎ出した。

同年九月一五日、徳川家康率いる東軍と石田三成ら西軍が、美濃・関ヶ原において激突し、結果は家康方東軍の大勝利に終わった。

九月二七日、家康は大坂城に入って秀頼に戦勝報告を行ない、あらためて大坂城西の丸に居を定め、戦後処理を行なったが、それが済むと、翌慶長六年三月二三日、家康は大坂城をあとにして伏見城に移った。政治の中心は伏見城となり、諸大名も悉く《ことごと》伏見に屋敷を移した（同年卯月一八日付　伊達政宗書状）。

そして、慶長八年二月一二日、家康は征夷大将軍に任ぜられて幕府を開き、同一〇年四月一六日、その地位は嫡子秀忠に継承された。

けれども、亡き秀吉が公家に準じて定めた諸大名の家格は厳然として残り、秀頼の豊臣家が「摂関家」であったのに対し、家康・秀忠の徳川家はそれに次ぐ「清華家《せいが》」（太政大臣までは昇進可能であるが、摂政・関白にはなれない家柄）に過ぎず、大坂城に拠る豊臣秀頼は、徳川幕府にとって、たいへん目障りな存在であった。

その上、秀頼が頼もしく成長すると、声望も高まり、「大坂の城に在る秀頼様は、先帝（秀吉）の子にして、日本の正統の皇帝なれども、種々なる事情の為めに位に即《つ》かざりしが、人民及び有力なる諸侯の輿望《よぼう》あるにより、現皇帝

豊臣秀頼・淀殿ら自刃の地石碑

（家康）の死後は、位に即くことあるべき」（『和蘭東印度商会史』一六一一年七月一一日条）と記されるほど、事態は徳川幕府にとって深刻になった。

不安にかられた家康は、自らの目の黒いうちに決着をつけるべく、当時、秀頼によって再建中であった京都・東山の大仏殿（方広寺）の鐘銘に刻まれた「国家安康」「君臣豊楽」という字句に、「家康を呪詛《じゅそ》し、豊臣家の繁栄を願うものである」と難癖《なんくせ》をつけ、強引に豊臣家との戦端を開いた。

慶長一九年一〇月一日に家康が諸大名に出陣を命じて始まった大坂冬の陣は、同年一二月二二日に両軍の間で講和がまとまったが、翌慶長二〇年、家康は、大坂城で頻りに再軍備の噂が聞こえるとして、またもや無理難題を突き付けて大坂夏の陣を引き起こし、同年五月七日、大坂城は落城。翌八日、焼け残りの櫓《やぐら》に潜んでいた秀頼・淀殿が自害して、豊臣家は滅亡した。

秀吉は、死後、自らが神として祀られることを望み（「お湯殿の上の日記」慶長四年三月五日条）、慶長四年四月一七日に「豊国大明神《とよくにだいみょうじん》」の神号宣下《せんげ》がなされ、阿弥陀峯《あみだがみね》の麓《ふもと》に壮大華麗な社殿が造営された。けれど、徳川幕府は、秀吉から「豊国大明神」の神格を剥奪し、豊国社《ほうこくしゃ》の社殿についても、破却を命じたが、高台院（秀吉正室の北政所《きたのまんどころ》お祢《ね》）の歎願が容れられ、崩れ次第に任せられることとなった（「東照宮御実紀附録」）。

後顧《こうこ》の憂《うれ》いを断った家康は、元和二年（一六一六）四月一七日、駿府城内で七五歳の生涯を終えた。

大坂夏の陣後、徳川幕府は家康の外孫松平忠明を大坂藩主とし、焦土と化した大坂市街の復興にあたらせたが、一定の目処が立った元和五年七月二二日、幕府は忠明を大和郡山に移し、大坂を幕府の直轄地とした。

そして、翌元和六年三月一日、諸大名を動員する「天下普請《てんかぶしん》」の形で大坂城の再築工事にとりかかった。縄張《なわばり》を任されたのは「築城の名手」として名高い藤堂高虎で、二代将軍秀忠は、秀吉が築いた豊臣大坂城と比べ、石垣の高さも、濠《ほり》の深さも二倍にせよ、と命じた（『藤家忠勤録』）。

工事は三期にわたり、北国・西国の六四大名が参加し、寛永六年（一六二九）六月に完成した。この工事により、豊臣大坂城は地中深くに埋められ、その上にまったく新たな徳川大坂城が完成した。天守の高さは約五八メートルで、豊臣大坂城天守の約四〇メートルを遥かに凌いだ。石垣は最も高い本丸東側で三四メートルに達し、蛸石・肥後石などと名付けられた巨石の重量は優に百トンを超えた。

秀吉の怨霊

江戸時代の大坂城は、幕府の西国支配の拠点と位置付けられ、五～一〇万石程度の譜代大名が大坂城代に任ぜられ、大坂在勤の幕府役人を統轄するとともに、西国諸大名の動向を監察した。

この大坂城代を補佐したのが定番《じょうばん》で、京橋口定番・玉造口定番という二つの役職に一～二万石程度の譜代大名が就任した。

さらに大坂城には、幕府正規軍である大番《おおばん》一二組の内、二組が順次駐留し、五千石クラスの大身の旗本や一万石クラスの譜代大名が大番頭《おおばんがしら》に任ぜられて、大番二組を統率した。

大番二組の加勢とされたのが加番《かばん》で、山里《やまざと》加番・中小屋《なかごや》加番・青屋口《あおやぐち》加番・雁木坂《がんぎさか》加番という四つの役職に、一～三万石クラスの大名が選ばれ、一年任期で大坂城に着任した。

江戸時代の大坂城は、常時、これだけの軍事力を擁し、さらに、大坂船手《ふなて》（船奉行）のもとに水軍も編成し、外様の大々名がひしめく西国の有事に備えた。最高責任者である大坂城代には、有事の際、将軍の命を待たず、西国諸大名に出陣を命じる権限が与えられた。

それだけに大坂城には、大量の武器・弾薬が備蓄されていた。大坂城の搦手《からめて》にあたる青屋口にあった焔硝蔵《えんしょうぐら》（火薬庫）には、当時、焔硝（黒色火薬）二万一九八五貫六〇〇匁（約八二トン）、鉛の弾丸が大小四三万一〇七九個、火縄三万六六四〇筋が納められていた。万治三年（一六六〇）六月一八日、この焔硝蔵に雷が落ち、凄まじい大爆発が起こった。

青屋口の石垣に使われていた巨石が五つ、内堀・山里丸・本丸・二の丸を飛び越えて大手口に落下し、天守・本丸御殿をはじめ、城内の建物に甚大な被害が生じたほか、青屋口の引橋《ひきばし》（算盤橋《そろばんばし》）が爆発で破壊され、橋の用材が天満（大阪市北区）や備前島（大阪市都島区網島町）まで吹っ飛び、直撃を受けた子供が即死した。大坂城内でも加番大名の土岐頼行《ときよりゆき》が負傷し、家臣五人が焼死するなど、計二九人の死者、一三〇人余りの負傷者が出た。大坂市街では一四八一軒の家屋が倒壊し、損傷した家屋は数え切れないほどであった。青屋門の門扉は、河内（大阪府）と大和（奈良県）の国境に聳《そび》える生駒山の暗峠《くらがりとうげ》に飛来した（『板倉重矩常行記』）。大坂城から暗峠まではおよそ一四キロメートルの距離で、暗峠の標高は約四五〇メートルであるから、想像を絶する大爆発であった。

この日は六月一八日で、「十八日ハ太閤秀吉公の忌日」であったから、落雷は「豊国大明神の霊」の仕業《しわざ》と考えられ（『武門諸説拾遺』）、幕府関係者は恐怖に慄《おのの》いた。

二年後の寛文二年（一六六二）五月一日、今度は京都・大坂をはじめとする近畿地方一帯を大地震が襲った。二条城の外郭が各所で壊れ、大津や宇治の倉が崩壊。丹波・篠山《ささやま》城、摂津・尼崎《あまがさき》城、近江・膳所《ぜぜ》城、若狭・小浜城などで石垣が崩れ、近江の朽木谷《くつきだに》では領主の朽木貞綱《くつきさだつな》が地震の被害で圧死した（「厳有院殿御実紀」寛文二年五月五日条）。

一日は秀吉の命日ではないが、万治三年の大爆発で秀吉が怨霊と化したと考えられていたので、幕府の二条城や譜代大名の城に甚大な被害を与えたこの大地震もまた、「今度の地震、豊国大明神の祟り」とされた（「忠利宿禰日次記」寛文二年五月一四日条）。

さらに三年後の寛文五年正月二日、大坂城大天守の北側の鯱《しゃちほこ》に落雷があり、火は最上層から次第に下層へと燃え移り、ついに天守全体を焼き尽くしたのである。

秀頼の怨霊

秀吉は生前、愛児秀頼の安全をはかるため、徳川家康の孫娘である千姫を秀頼の正室とすることを決めた。千姫は、家康の嫡男である秀忠と正室江《ごう》との間に生まれた長女で、江は秀頼の母である淀殿の妹であったから、二人は従兄妹という関係であった。秀吉の定めた掟を次々に破った家康であったが、秀頼と千姫の婚儀については、約束を違えることなく、慶長八年七月二八日、七歳の千姫は一一歳の秀頼のもとに嫁いだ。

二人の仲はとても睦《むつ》まじいものであったと伝えられるが、大坂の陣が二人を引き裂いた。

慶長二〇年五月七日、大坂城落城に際して、夫秀頼と姑淀殿の助命嘆願のため、千姫は城外に出された。千姫は祖父家康、父秀忠に必死に訴えたものの、願いは聞き容れられず、翌八日、山里曲輪《くるわ》に潜《ひそ》んでいた秀頼・淀殿、そして大野治長《おおのはるなが》らの側近が自害し果てた。

千姫観音（三重・柴原家蔵、大阪城天守閣写真提供）

千姫は、たいへんショックを受け、しばらく床に臥《ふ》したが、その後、徳川家発祥の地と伝えられる上野国《こうづけ》世良田《せらだ》郷（群馬県太田市）の満徳寺《まんとくじ》に侍女を派遣して豊臣家との縁切《えんぎり》を済ませ、元和二年九月一一日、伊勢国桑名城主本多忠政《ほんだただまさ》の嫡男忠刻《ただとき》に再嫁した。時に千姫は二〇歳、夫忠刻は一つ上の二一歳であった。忠刻の生母熊姫《くまひめ》は、家康長男信康の次女であったから、一世代ずれて、千姫は姑熊姫と従姉妹の関係にあった。

翌元和三年七月、本多忠政は播磨・姫路へと転封になり、忠刻・千姫夫妻もこれに従い、姫路城に移り住んだ。桑名城主の折には本多家の所領は一〇万石であったが、姫路転封にともない一五万石に加増され、さらに千姫化粧料の名目で嫡子忠刻に別途一〇万石が与えられた。

元和四年には忠刻・千姫夫妻に長女勝姫が誕生し、翌年には待望の嫡子幸千代《こうちよ》が生まれた。

何事も順風満帆で、幸せな結婚生活を満喫していた千姫であるが、元和七年一二月九日に幸千代がわずか三歳で夭《よう》逝《せい》したのを機に暗転し始める。

その後も千姫は懐胎《かいたい》するが、流産を繰り返したため、原因を占ったところ、先夫豊臣秀頼の祟りであるとの結果が

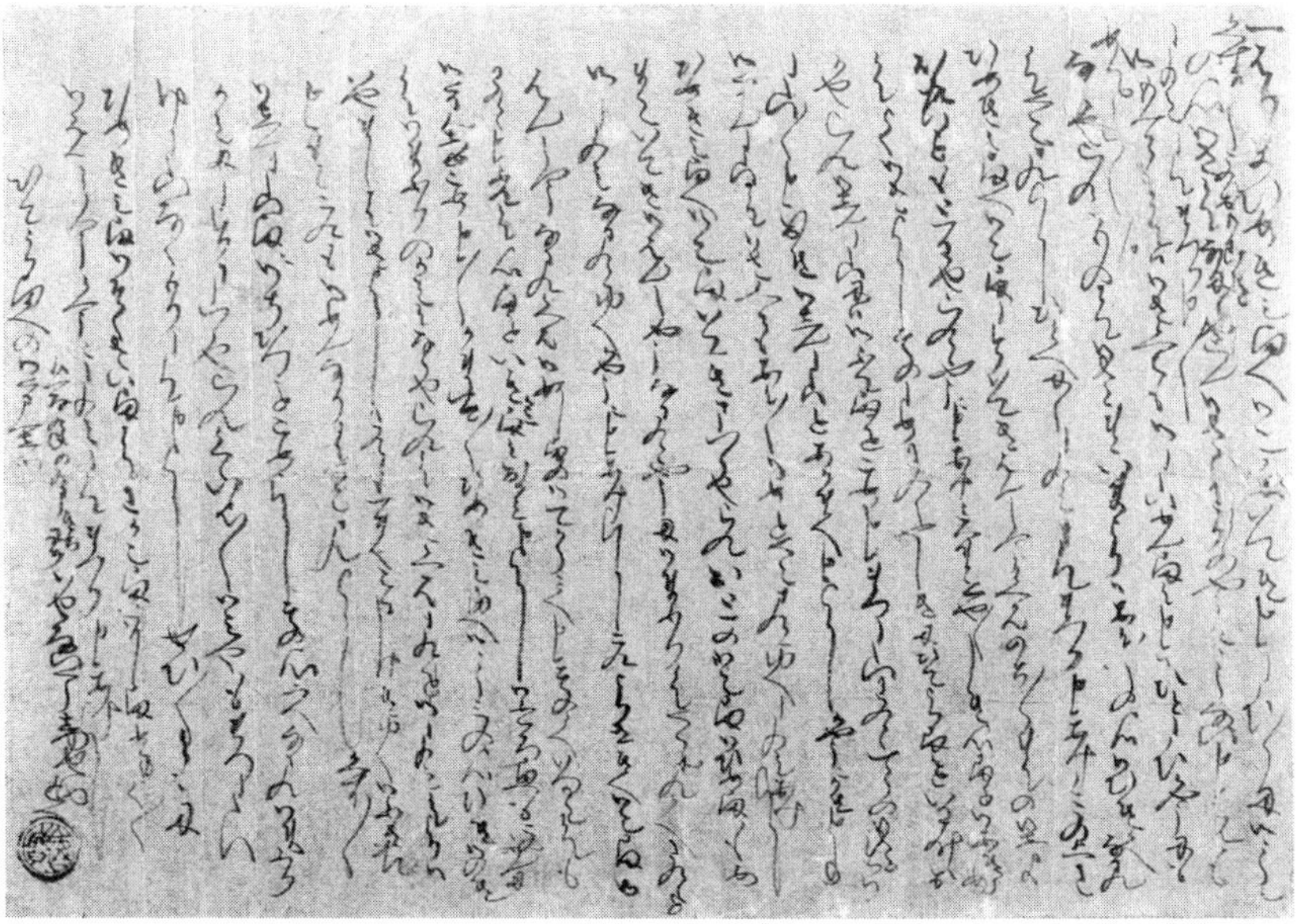

慶光院周清上人自筆願文（千姫観音胎内物）（三重・柴原家蔵、大阪城天守閣写真提供）

出た。驚いた千姫は、母江や姑淀殿らが帰依《きえ》した伊勢・内宮《ないくう》の慶光院《けいこういん》の尼上人周清《しゅうせい》に秀頼の鎮魂を依頼した。周清は、小さな聖観音《しょうかんのん》坐像《ざぞう》を造り、その胎内に、秀頼が生前にしたためた「南無阿弥陀仏《なむあみだぶつ》」の六字名号を納めて「御神体」とし、併せて周清自身が秀頼鎮魂のために綴った願文を納めた。

元和九年九月吉日付けの願文は長文で、概ね以下の内容が記されている。

「占いをしたところ、千姫様にお子ができるたびに、あなた様にお恨みの心があって、それが障《さわ》りになっているとのことです。あなた様がお恨みになるのももっともなことであり、体面もあるでしょうが、一度こうなってしまったことは仕方ありません。千姫様には、私からも秀頼様の菩提《ぼだい》をお弔《とむら》いするよう申し上げますので、どうか今後は千姫様が男の子や女の子をたくさんお産みになり、母子ともに繁盛なさるよう守ってあげてください。次に千姫様が無事お子様をお産みになったら、それは秀頼様のお手柄であるのは明

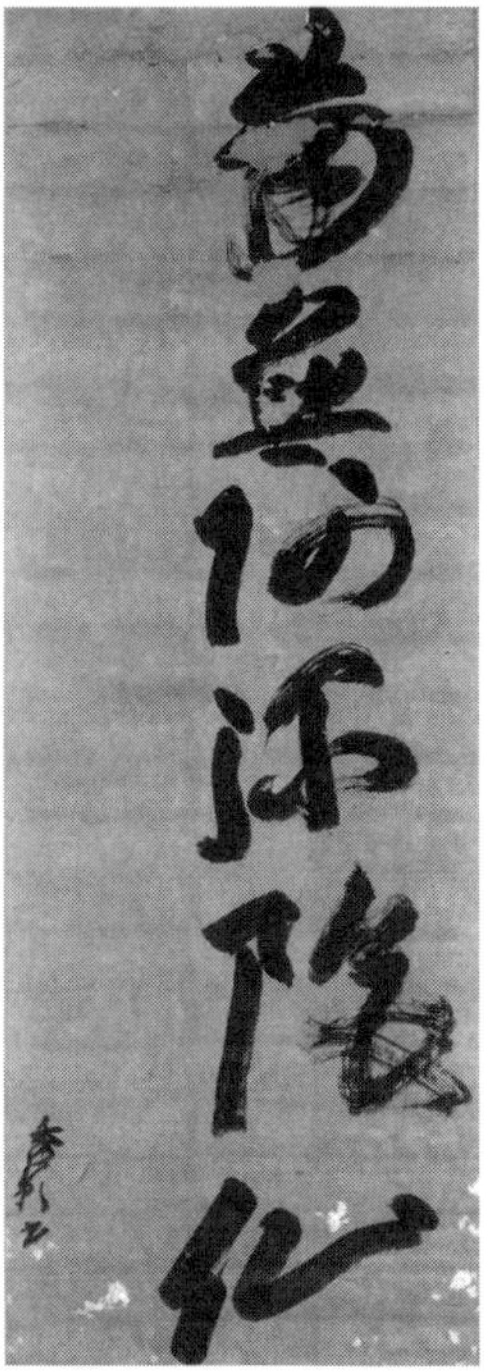

豊臣秀頼自筆六字名号
（千姫観音胎内物）
（三重・柴原家蔵、大阪城天守閣写真提供）

白です。千姫様だけでなく、私自身も、忙しさにかまけて秀頼様やお袋様（淀殿）の菩提を弔うのを怠ってきたことはほんとうに申し訳なく思っています。これからは我が慶光院にこの観音像をお祀りし、慶光院の続く限り、代々秀頼様とお袋様の供養をおろそかにすることはありません。どうか、千姫様へのお恨みの心を断ち切り、千姫様が息災であられ、お子たちがたくさん生まれて繁盛されるよう、お守りください」。

しかし、周清上人の祈りも空しく、秀頼怨霊の怒りは収まらなかった。寛永三年（一六二六）五月七日、今度は千姫の夫忠刻が三一歳の若さでこの世を去った。「五月七日」は、大坂夏の陣で大坂城が落城した日。千姫は秀頼の恨みの深さにあらためて震えあがった。

再び寡婦《かふ》となった千姫は江戸に戻り、落飾《らくしょく》して「天樹院《てんじゅいん》」を名乗る。鎌倉・東慶寺《とうけいじ》の天秀尼《てんしゅうに》は、秀頼が側室に産ませた娘で、千姫にとっては義理の娘にあたる。この娘は、大坂落城に際して保護され、東慶寺に入れられて、尼となった。天秀尼は、東慶寺で父秀頼と豊臣家の人々の菩提を弔い続けていたので、天樹院となった千姫は、この天秀尼を援助することで、秀頼の鎮魂に努めたのである。

大坂城の怪談

江戸時代の大坂城に詰めたのは大坂城代や定番・加番などの譜代大名とその家臣、また大番衆の旗本たちであっ

「婆々畳」「禿雪隠」などが記された『金城聞見録』

た。ところが、徳川家家臣たる彼らが、いつしか、幕府による大坂城再築の事実をすっかり忘れ去り、大坂夏の陣で落城した秀吉築造の大坂城がそのまま残っていると、勘違いするようになる。石垣の高さも濠の深さも豊臣大坂城の二倍にせよと命じ、徳川幕府が豊臣政権を凌ぐ強大な権力であることを誇示しようと目論《もくろ》んだ二代将軍秀忠の思いとは裏腹に、彼らは、壮大な大坂城に豊臣秀吉のイメージを重ねた。

小天守台の黄金水井戸の底には、秀吉が水の毒気を抜くため黄金の延べ板を沈めてあるといい、大坂城の石垣には加藤清正の桔梗《ききょう》紋や、石田三成の「大《だい》一大万大吉《いちだいまんだいきち》」といった秀吉家臣の家紋が刻まれていると語った。譜代大名や旗本たちの間で、さまざまな秀吉伝説がまことしやかに語られるようになったのである。

それとともに、大坂城内では、「暗闇《くらやみ》の間《ま》」「明半《あけかけ》の間」「禿雪隠《かむろせっちん》」「婆々畳《ばばあだたみ》」「不開《あかず》の炉《いろり》」「ジジイ雪

本丸南側の空堀

豊臣秀頼の「胎衣松」があった西大番頭屋敷跡

隠」「壁に塗り込められた葛籠《つづら》」「誰も寝ざる寝所」「化物屋敷《ばけもの》」など、たくさんの怪談も語り継がれるようになった。

本丸周囲の内堀は南側が水の入らぬ空堀となっているが、そこには夏の夜、雨が降るとしばしば「陰火《いんか》」が現れたという。「陰火」とは、この世に未練を残して亡くなった人の執念が形を現したものと信じられたが、大坂城の場合は、大坂夏の陣の際に豊臣方将士の流した血が空堀の土中深くに染み込み、そこに雨が降り注ぐことで生じるのだといわれた（『金城聞見録』）。

大番頭として大坂城に着任した常陸《ひたち》国麻生《あそう》藩主新庄直規《しんじょうなおのり》は、彼の在任中、城中にいると、深夜にしばしば多くの将兵が争う声やけたたましい人馬の喧騒《けんそう》を耳にしたという。直規は、この「乱争《らんそう》の声」について、未だ浮かばれない豊臣方兵士の魂が大坂城内に残っており、時折、そうした形で姿を現すのであろうと理解したと語っている（『甲子夜話』巻九）。

大坂城代の上屋敷があった西の丸庭園
手前は城代屋敷の井戸

二の丸にあった西大番頭の屋敷の庭には「胎衣松《えなのまつ》」と呼ばれる松があった。高さは一丈（約三・八メートル）ほどであったが、横は一〇間（約一八メートル）にも及ぶ大木で、地面を這うように広がっていた。ある時、主君である大番頭の命を受け、家臣が大きな枝を一つ伐り落としたところ、その夜、家臣の夢の中に衣冠に身を正した貴人が現れ、「我こそは豊臣秀頼である。今日、そなたが伐った松のたもとには私の胎衣が埋めてある。今後は、この旨を皆に伝えて枝を一本たりとも伐ることのないようにせよ」と告げたという。「胎衣」とは、胎児を包んだ卵膜と胎盤のことで、生まれた赤子の身体の一部、霊魂の一部とみなされ、屋敷の吉方に大切に埋める習慣があった。驚いて目を覚ました家臣は、主人にこれを伝え、以後毎月朔日と一五日、二八日にはお神酒《みき》を松に供えるようになったという（『金城聞見録』）。

大坂城代の上屋敷には「明けずの間」と呼ばれる一室があった。この部屋は、大坂夏の陣で落城して以来、そのまま放置されているといわれ、ずっと閉ざされた状態であった。戸の一部が破損しても、すぐにその上から板を打ちつけて塞《ふさ》いだほどで、一度たりとも開かれたことはなかった。この部屋は、落城の際、城中の女性たちが自害し果てたところとされ、今なお部屋中に成仏《じょうぶつ》できぬ幽魂がさまよっており、部屋に侵入すれば必ずその者の身の上に災いが降りかかり、部屋の前で横になっただけでも恐ろしい目に遭うといって、恐れられたという（『甲子夜話』巻二十二）。

この「明けずの間」の話は、享和二年（一八〇二）から同四年にかけて大坂城代の任にあった山城国淀城主の稲葉《いなば》正諶《まさのぶ》が江戸城で語ったものであるが、これを聞いた昌平坂《しょうへいざか》学問所の林大学頭《はやしだいがくのかみ》は、「今の坂城《はんじょう》（大坂城）は豊臣氏の旧に非ず。（元和）偃武《えんぶ》の後に築改《きづきあらため》られぬ。まして厦屋《かおく》（家屋）の類は勿論《もちろん》皆後の物なり」と一笑に付した。

そもそもこうした怪談が語られたのは、江戸時代の大坂城を豊臣大坂城と勘違いしたことが原因であった。さらにいうと、豊臣家を滅亡させたことに対するうしろめたさが、彼ら譜代大名や旗本たちの間で共有されていたからこそ亡霊や妖怪が見えたのであろう。亡霊たちの正体は、彼らの心中深くに存在した罪悪感であったに違いない。

【参考文献】

北川央「大坂城と城下町大坂―豊臣から徳川へ」（懐徳堂記念会編『大坂・近畿の城と町』所収、和泉書院、二〇〇七年）
北川央「怨霊と化した豊臣秀吉・秀頼」（『怪』四一、KADOKAWA、二〇一四年）
北川央「秀吉の神格化」（堀新・井上泰至編『秀吉の虚像と実像』所収、笠間書院、二〇一六年）
北川央『大坂城と大坂の陣―その史実・伝承』（新風書房、二〇一六年）
北川央『なにわの事もゆめの又ゆめ―大坂城・豊臣秀吉・大坂の陣・真田幸村―』（関西大学出版部、二〇一六年）

姫路城

変遷するオサカベ

三宅　宏幸

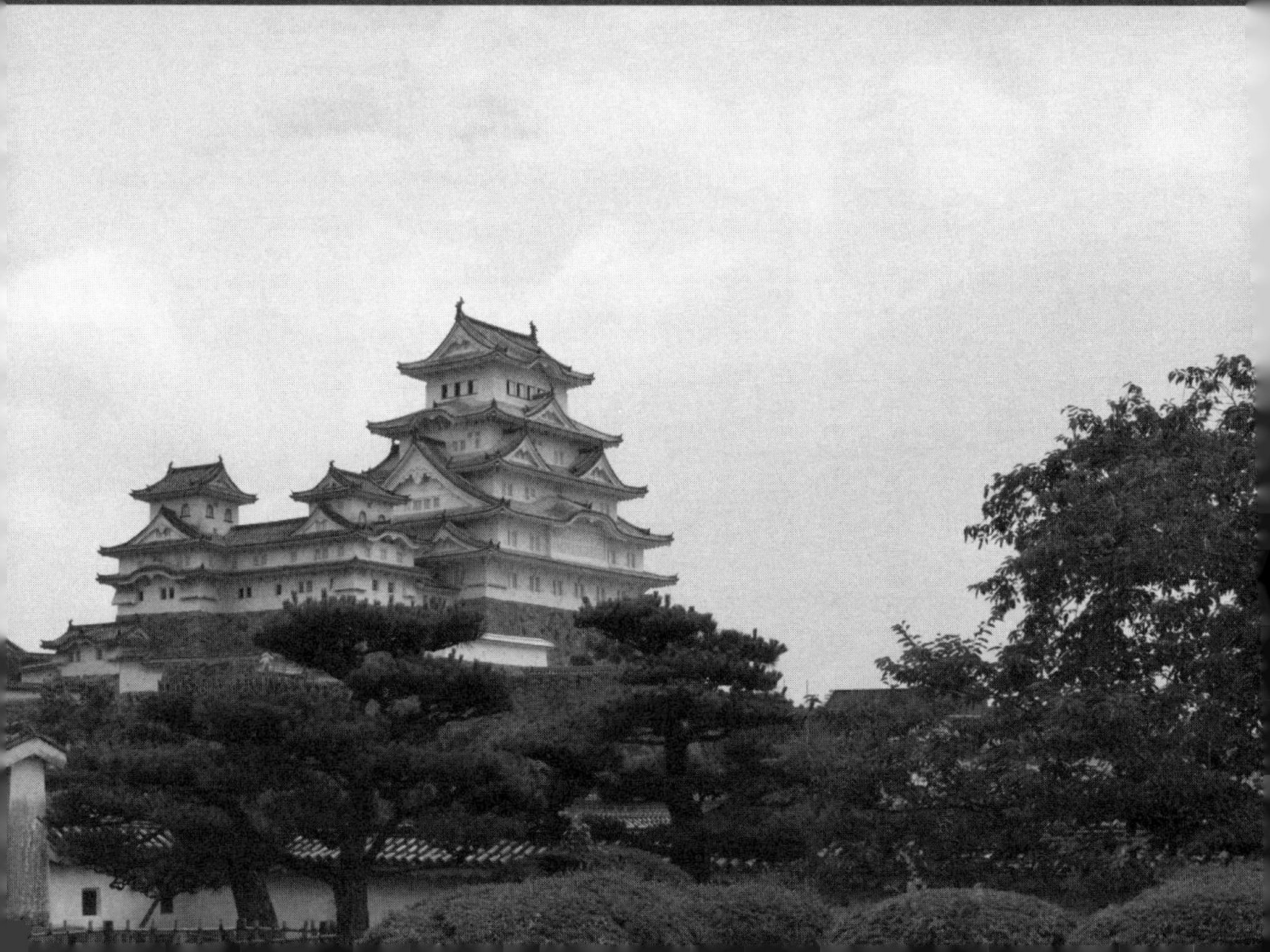

姫路城
兵庫県姫路市本町六八
アクセス　姫路駅から神姫バスで「大手門前」バス停下車　徒歩五分

池田輝政が築いた連立式天守の姫路城

関ヶ原の合戦の戦功《せんこう》により、慶長《けいちょう》五年（一六〇〇）に三《み》河吉田《かわよしだ》（豊橋《とよはし》市）一五万石から播磨一国五二万石の太守《たいしゅ》として姫路に入った池田輝政《いけだてるまさ》は、翌年から新しい姫路城の建設に着手。姫山《ひめやま》にあった秀吉の天守を取り壊《こわ》す一方、石垣などは生かしながら、慶長一四年（一六〇九）に外観《がいかん》五重、内部は七階の大天守と乾、東、西の三つの小天守を渡櫓《わたりやぐら》で結ぶ連立式天守の姫路城を完成させました。

その一方で輝政は内曲輪《くるわ》、中曲輪、外曲輪を三重の堀によって左巻きのらせん状に配置する「らせんの縄張《なわばり》」で城と城下町の建設を行い、外堀によって城内と城外をはっきり区切る総構《そうがまえ》式の城下町を完成させました。

（「姫路城公式サイト姫路城トリビアン　Ｐａｒｔ１」より）

世界遺産である姫路城の怪異については著名な話が二つある。一つが「番町皿屋敷」であり、そしてもう一つが「オサカベ」ではないだろうか。これら二つの怪異は様々な文芸作品に取り入れられてきた。そして現在の姫路城でも、「お菊の井戸」や「長壁（刑部）神社」として紹介されている。本章では、特に江戸時代の小説を中心にオサカベに関する描写を確認し、「宮本武蔵の妖怪退治」についてその生成過程を追う。怪異がいかにして成立したのかと同様に、怪異がいかに成長し展開したかを知ることは、当時の人々がどのようにその怪異と接していたかを垣間見ることができよう。その方法として、小説におけるオサカベの記述に加え、視覚情報も取り上げたい。江戸時代には多くの絵本が出版され、また小説の挿絵や口絵、演劇の番付や絵尽、絵入狂言本など、視覚情報が多分に含まれている。そういった視覚的なイメージをもふまえ、オサカベという怪異について見ていきたい。

なお、オサカベの表記は文献によって異なる場合もあるが、姫路城の怪異をオサカベと統一して表記する。

姫路城天守の怪異

姫路城で起こった怪異を記す古い史料として、「天狗の書状」と呼ばれる文書がよく知られている。

関ヶ原合戦の後、播磨に封じられた池田輝政《てるまさ》は、慶長六年（一六〇一）に居城姫路城の大改築を企て、慶長一三年（一六〇八）に天守閣が建築された。翌慶長一四年（一六〇九）、姫路城内で様々な妖異が起こり、一通の書状が発見される。そこには、池田輝政らは遠江国小天神に呪われており、命が惜しければ神仏に立願し、八天堂を建立せよと命じる内容が書かれていた。さらに慶長一六年、輝政が病で倒れたため城内で祈祷を行うと、「魔女」が出現して八天堂の建立を求めたとされる。これらの怪異が刑部大神の祟りであるという噂がたったため、刑部神社の別当般若院を召して事情を聞くと、元来、刑部神社は城内に鎮座していたのを、秀吉が築城の時に遷したとのことであり、輝政は城

図1：天守内に祀られる刑部神社（提供：姫路市）

内の地に社殿を建立して改めて刑部大神を還座したという。

この怪異については、輝政の苛政に対する民衆の不平不満の表れであり、輝政は当地姫山の地主神を城の鎮守神として祀ることで、自身の政治への不満解消と病身回復を狙ったとされる。そして城内の刑部神社は、その後も代々の城主に崇められた（図1）。こういった刑部大神にまつわる逸話によって、後々に姫路のオサカベという怪異として人々に語られていくことになったのであろう。

姫路城天守の怪異で江戸時代の小説に記された早いものとしては、『諸国百物語《しょこくひゃくものがたり》』（延宝五年〔一六七七〕刊）があげられる。巻三の一一「播磨の国、池田三左衛門わづらひの事」には、池田輝政が病にかかったとき、阿闍梨を召して天守で祈祷させると、三〇ばかりの女が現れて「止めよ。」と言う。阿闍梨がそれを断ると鬼神へと変わり、「私はこの国の権現である。」と言って阿闍梨を蹴殺し、消えていった。また、同じ『諸国百物語』巻五の四「播州姫路の城ばけ物の事」は、姫路城の天守で夜な夜な怪異が起きるので、城主秀勝が家臣に見てくるよう命じたところ一人の侍が赴く。そこには十二単を身にまとった一七、八ほどの女性がおり、「主命であるなら許す。」と言って侍に櫛を与えた。その後、秀勝が一人で天守に赴くと、いつも側に呼ぶ座頭が鬼神に姿を変えて、「私は城の主である。私をおろそかにして敬わないなら引き裂いてやる。」と言った。秀勝が降参して気がつくと、天守ではなくいつもの御座の間にいたという。

『諸国百物語』巻五の四に似た話は、写本の奇談集『老媼茶話《ろうおうさわ》』（寛保二年（一七四二）成立）にも見える。

姫路の城主松平大和守義俊の児小姓、森田図書は一四歳の時、朋輩と賭けをして天守に登ると、三四、五の女性が書を読んでいた。図書が正直に経緯を話すと、女は印として甲《かぶと》の錣《しころ》をくれた。戻る途中で大入道が現れ、灯火を消される。図書はまた女の元に戻って火を灯してもらって帰った。図書が大和守に起こったことを話し、納戸の鎧櫃を改めると、錣《しころ》がなく鉢ばかりがあった。

怪異の正体をオサカベとする直接的な表現はないものの、姫路城の天守に女性姿の妖怪が現れる様を描いている。また小説ではないが、蓮体著の仏教説話集『観自在菩薩冥応集《かんじざいぼさつめいおうしゅう》』巻之五（宝永三年（一七〇六）刊）にも、姫路城天守で起きた怪異が記されている。

天正年中、秀吉が播州姫路で城を築いていたが、種々の妖怪があって「殿主」に登れなかった。秀吉は修験者の金剛山実相院舜海大僧正を召し、舜海が城中で護摩を修すと、「容顔美麗」の若い女房が二〇人ばかり現れる。舜海が三股杵で撃とうとすると消える。しばらくすると、齢八〇ほどの白髪の嫗がまた二〇人ほど現れ、「ここは我らの住処である。城を築くので祟りを起こした。しかしあなたの修験を恐れている。我々を苦しめてくれるな。」と述べた。舜海は「この城主一代は祟りをやめよ。でなければ今追い払うぞ。」と答えると、承諾して消えた。その後妖怪はやんだ。かの城の神を「小酒辺《をさかべ》」という。老狐とかいうことだ。

秀吉が築く姫路城において種々の怪異が起こるが、その正体が「をさかべ」という老狐であった。このようにオサカベを狐とするのは、井原西鶴作『西鶴諸国はなし』（貞享二年（一六八五）刊）「狐四天王」に見える。於佐賀部《おさかべ》狐は大和の源九郎狐の姉という設定で、人間のような姿をして播磨の姫路に住み、八百八疋の眷属を使役するという。風来山人（平賀源内）作『風流志道軒』（宝暦一三年（一七六三）刊）にも、「扨は魑《ち》魅《み》魍魎《もうりやう》のしはざか、又は日本にてはやると聞《きく》、姫路《ひめぢ》におさかべ赤手のごひ、狸《たぬき》のきん玉八畳敷、狐《きつね》が三疋尾が七ツの類ならば、打ものわざにてかなふまじ」という記述が見られ、「姫路におさかべ赤拭い」という有名な童謡をあげつつ、狐との関わりも示している。村上石田著・中井藍江画の播磨の地誌『播《はり》磨《ま》名所《めいしよ》巡覧《じゆんらん》図会《ずゑ》』（文化元年（一八〇四）刊）は、世の人々がこの神（正一位刑部大明神）を「老狐」であると言って、妖怪を語って怖れることは一笑に付すことである、と記している。

オサカベの正体が狐であるかどうかの真偽はおいておくとしても、姫路の怪異であるオサカベが狐である、という説は江戸時代の人々の間に流布していた。

「宮本武蔵の妖怪退治」

そして宮本武蔵のオサカベ退治譚が、幕末頃成立の『［宮本佐々木］英雄《えいゆう》美《び》談《だん》』に描かれる。「姫路城トリビアン」などで「武蔵の妖怪退治」として紹介される話は、大正四年（一九一五）に大阪毎日新聞に連載された小金《こがね》井《い》芦州《ろしゅう》講演・多田北嶺画『宮本武蔵』に基づくが、この話は元々、以下に示す『英雄美談』の筋を借りている。

武蔵は実父の仇である佐々木岸流《がんりゅう》が姫路にいるという噂を聞く。姫路に到った武蔵は、名を幼名の七之介と名乗って足軽奉公をする。その頃、姫路城の天守では種々の怪異が起こり、同輩は天守番を嫌がる。七之介は全く恐れる様子はなく、天守番をしても七之介には怪異が起きず、相番の者ばかりが怪異に脅かされた。七之介のことを聞いた城主木下勝俊《かつとし》が調べさせると、世間に名高い宮本武蔵であると判明する。勝俊は武蔵に天守の様子を見届けるよう依頼し、武蔵は一人で天守に赴く。武蔵が灯りを手に持って天守を登ると、二重目で上から盤石を落とす音が響くが、よく見ると何もない。三重目に登ると、官女が幾人も並び、書を読んだり短冊を手にして歌を案ずる姿が見える。官女が武蔵を見て笑ったかと思うと消えた。四重目では、闇の中で鬼火が燃え上がる。五重目にたどり着くと小刑部《おさかべ》明神が祀られており、神前に座って怪異が起こるのを待つ。すると、女の声がして振り向くと、朱の袴を着た一人の官女が、扇で半面を隠しながら、「私こそ小刑部明神の神霊である。」と名乗り、城の者たちが臆病で小刑部明神を崇めないために神霊の力が弱まり、数百年を経た悪狐がその虚に乗じて人々を悩ましたこと、人々が神霊を尊び、太守も天守に住んで人の気が満ちれば悪狐は去るだろうと語る。そして小刑部明神は、武蔵に差し料として白鞘の短刀「郷《ごう》の義弘《よしひろ》」を与えた。武蔵は勝俊の元に戻って起きた事を語り、人々はその武勇を賞賛する。だが後に、この短刀が木下家の家宝で、盗まれたものであることがわかる。天守で起こった怪異はすべて、悪狐が小刑部明神の姿に変じ、武蔵を陥れようとした謀であった。詮議を受けた武蔵を雨森縫殿之助《あめのもりぬいのすけ》が預かることになる。雨森の屋敷で弟子をとって剣術指南をしていた折、叔父の香勝寺《こうしょうじ》と再会する。叔父から近頃弟子入りした少年こそ悪狐であると教えられ、名木の如意を渡される。武蔵は少年と立ち会う際に古木を焚き、その煙が少年の顔にかかると悪狐の正体が現れ、武蔵は悪狐を退治する。

五重の天守を有する姫路城において、階を上がるたびに起こる怪異は、臨場感と不気味さを一層醸し出している。そしてここで武蔵が経験した怪異は、これまで整理してきた姫路城天守の種々の怪異要素が組み込まれている。天守に棲む城の神と称すること（『諸国百物語』）、女性であること（『諸国百物語』）、狐であること（『冥応集』）、賜ったものが実は城主の持ち物であったこと（『老媼茶話』）、などである。

この『英雄美談』の成立時期について補足すると、「文久二年（一八六二）戌三月、之を求む」と記入がある写本や、明治二年（一八六九）に書写されたとする写本が現存するので、江戸時代の末期には成立していたと思われる。慶応

図２：慶応２年序『宮本無三四実伝記』口絵（著者蔵）

二年（一八六六）序『宮本無三四実伝記』（岳亭定岡《がくていていこう》文案・一光《いっこう》斎芳盛《さいよしもり》画）には、宮本無三四《むさし》（武蔵のこと。江戸時代は作品を出版する際、実在の人物名を使用することは憚られた。享和三年（一八〇三）序『絵本二島英勇記《えほんにとうえいゆうき》』で「宮本無三四」と表記されて以降、武蔵＝無三四として認知されていた）が実父の仇として探し求めていた巌流《がんりゅう》に対面したとき、「某《それがし》は播州姫路《ばんしゅうひめぢ》の者《もの》にして、かの国《くに》の天守《てんしゅ》の上《うへ》に住《す》める長壁《をさかべ》といへる怪狐《かわいこ》を退治《たいじ》」したと述懐する場面がある（図2）。無三四の一代記を抄録した本作に記述があるということは、オサカベ狐退治が武蔵の武勇譚として当時よく知られた話であったといえよう。

しかし、『英雄美談』の話はこれまでのオサカベ譚とは異なる要素も有している。武蔵はオサカベから名刀「郷《ごう》の義《よし》弘《ひろ》」を渡されるが、怪異と郷義弘との関わりが根岸鎮衛《ねぎしやすもり》著の随筆『耳嚢《みみぶくろ》』巻一〇「熊本城内」に見える。

細川越中守の国の侍は、周囲が止めるのも聞かずに怪異の起こる屋敷に住む。一人の男がやってきて、侍が住み始めた事による難儀を訴える。半年ほど経った頃、男が屋敷の隅の土地に屋敷を普請したいと述べたので許可する。普請が終わると男が侍を屋敷に招待し、侍は歓待を受けて、手土産も貰って帰る。四、五日後、また男がやって来て、御礼の品として「郷義弘」の刀を差し出す。侍は男から刀を受け取るやいなや、その刀で男を真っ二つに斬る。男の正体は狸であり、刀は主君の宝蔵に納められていたものであった。

空き家に棲む古狸や怪異を勇敢な武士が追い払うといった話は、未達《みたつ》作の浮世草子『新御伽婢子《しんおとぎぼうこ》』（天和三年〔一六一七〕刊）や、津村正恭《つむらまさやす》著の随筆『譚海』（寛政七年〔一七九五〕成）、玉香山人作の読本『怪談雨之燈《かいだんあめのともしび》』（寛政九年〔一七九七〕刊）などに類話が載る。だが『耳嚢』と『英雄美談』とで一致するのは、狐狸から貰う刀を郷義弘《ごうのよしひろ》とする点であり、またその宝刀が元々は主君から盗まれた物であった点も共通している。『耳嚢』では熊本城における怪異となっているが、その怪異譚が姫路城の怪異へと組み込まれた可能性がある。

また、古木の煙で悪狐の正体が現れる点は、中国志怪小説集の干宝《かんぽう》著『捜神記《そうじんき》』巻一八に似た話が載る。千年を経た狐が書生に化けて張司空と文学や道理で論戦をした。書生が聞いたこともない説を語るので、張司空は狐の変化と考える。門番を立てて屋敷から出られないようにして猟犬をけしかけるも、書生は恐れない。千年を経た狐は千年を経た古木で照らすと正体を現すと聞いた張司空は神木を入手し、古木に火を付けて書生を照らすと、まさしく斑模様の狐であった。正体を現した狐は煮殺されてしまった。

『英雄美談』のオサカベ退治は従来のオサカベ譚に加え、他の説話をも採り入れて創られたといえよう。火で照らすと煙がかかるという点に違いがあるものの、古木によって怪狐が正体を現す点で『英雄美談』と『捜神記』とが共通していることがわかる。なお、『捜神記』は江戸時代の日本で親しまれた作品である。

図像化されるオサカベ

『英雄美談』のオサカベ譚は、明治に出版されたボール表紙本の口絵にも描かれた（図3）。武蔵の前に現れた若い官女は十二単を纏って檜扇を持ち、武蔵に名刀を渡す。このように図像化されることは怪異を人々に強く印象づけるが、その意味で絵本や小説の挿絵、演劇などからもたらされるオサカベのイメージは重要であろう。

しかし、平戸藩主松浦静山《まつらせいざん》が著した随筆『甲子夜話《かっしやわ》』巻三〇—二〇には、次のように記されている。

世間では姫路の城中に長く住むヲサカベという妖魅がいるという。天守櫓の上層にいて、人が入ってくることを嫌う。年に一度だけ、城主がヲサカベに対面することがあるが、その他は皆ヲサカベを怖れて天守に登らない。城主が対面する時、現れる姿は「老婆」であると伝えられている。

オサカベを老婆とするのは、例えばオサカベの図像として著名な鳥山石燕画『今昔画図続百鬼《こんじゃくがずぞくひゃっき》』（安永八年〔一七七九〕刊）や（図4）、「怖《こわ》いものの親玉《おやだま》」として描かれる『夭怪着到牒《ばけものちゃくとうちょう》』（天明八年〔一七八八〕刊）にその姿が見え（図5）、これを見ると『絵本英雄美談』における若い官女姿のそれとは異なった様相を呈している。

視覚情報という点では、演劇の影響も看過できない。オサカベの怪異が演劇に取り入れられた早い例は、『泰平記《たいへいき》姫ケ城《ひめがじょう》』（宝永二年〔一七〇五〕初演）があげられる。本作においては鬼女を初代山中平九郎が演じ、「十二単衣、紅の袴を着て、鬼女の顔を出して睨む光景は、人間とは見えず、その怖ろしさに女性や子どもは泣き出すばかり」（『歌舞伎年代記』）と評された。並木五兵衛作『袖簿播州廻《そでにつきばんしゅうめぐり》』（安永八年〔一七七九〕初演）には、「きぬたの前」という女性が「十二単　緋の袴」姿で登場する。きぬたの前はお家再興を目指して、勇気ある臣下を探すために空き城で妖怪のふりをしていた。厳密には怪異とはいえないが、本作の角書きが「姫館《ひめやかた》の妖怪古佐壁《ようくはいこさかべ》が忠臣《ちうしん》」であり、姫路のオサカベを意識していることは間違いない。さらに四世鶴屋南北作『復再松緑刑部話《またぞろしょうろくおさかべばなし》』（文化一一年〔一八一四〕初演）では、尾上松緑《おのえしょうろく》がオサカベを演じたが（図6）、その中で「おさかべ姫、大女のからくり」の仕掛けがあり、評判記『役者《やくしゃ》譬節《たとえのふし》』（文化一二年〔一八一五〕刊）には、見物客の老人は感心して無言になり、若者は奇妙と褒めそやし、女中や子

図 3：明治 18 年刊『絵本英雄美談』口絵（著者蔵）

図 5：『夭怪着到牒』
（国立国会図書館デジタルコレクション）

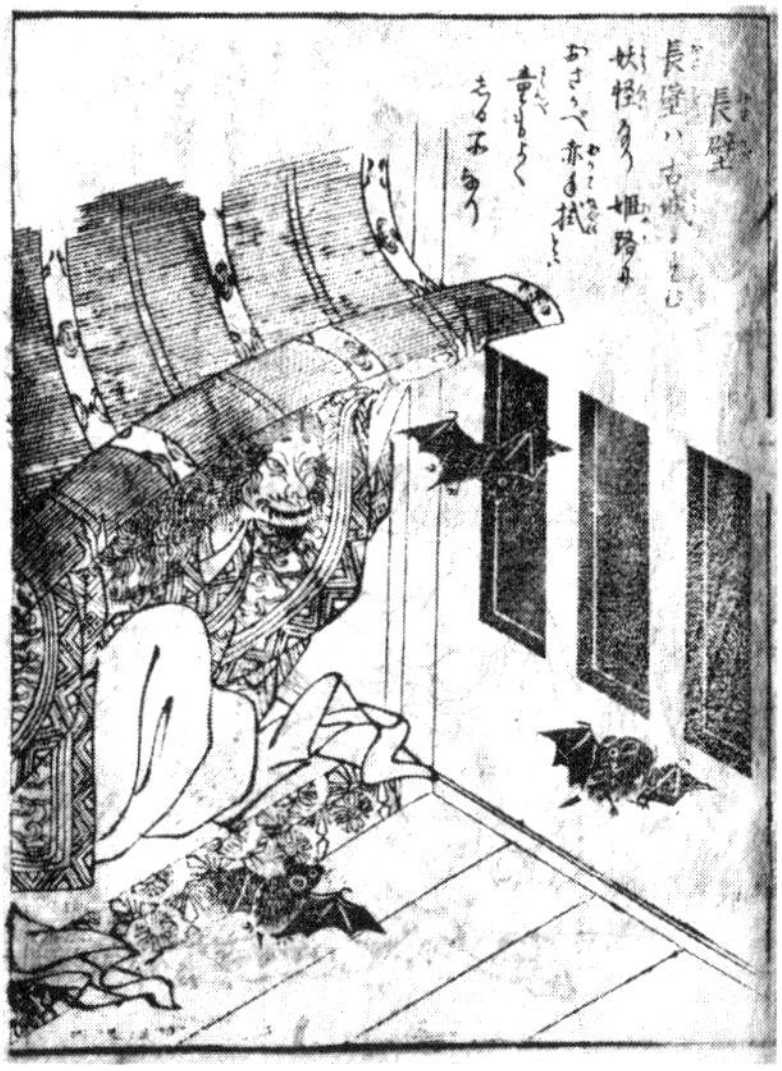

図 4：『今昔画図続百鬼』「長壁」
（九州大学附属図書館蔵）

どもは怖ろしいと言って目をふさいだという。『復再松緑刑部話』は好評を博したようで、山東京伝作・歌川豊国画の合巻『娘清玄振袖日記《むすめせいげんふりそでにっき》』（文化一二年（一八一五）刊）では口絵の鬼女を松緑の似顔で描き、他にも南仙笑楚満人作・歌川国安画の合巻『長壁《おさかべ》太郎《たろう》譚《ものがたり》』（文政一〇年（一八二七）刊）にも、大女に描いた「長壁《おさかべ》比女《ひめ》」が見られる（図7）。『長壁太郎譚』の見返しには「戯場小録」と記され、この「小録《しょうろく》」は歌舞伎役者の松緑《しょうろく》と掛けているのであろう。

以上見てきたように、『諸国百物語』や『老媼茶話』では三〇ばかりの女性、『甲子夜話』では老婆とされており、オサカベの描写は一致しない。そのことは絵本『続百鬼』や黄表紙『天怪着到牒』、演劇の『袖簿播州廻』『復再松緑

図6：番付『復再松緑刑部話』拡大図
（著者蔵）

図7：『長壁太郎譚』口絵（国立国会図書館デジタルコレクション）

刑部話』、合巻『長壁太郎譚』などに描かれる姿でも確認できる。文化一一年（一八一四）刊の黄表紙『古今化物評判』のオサカベも若く、その姿は一様ではなかった。しかしながら、近世後期から明治にかけてオサカベは若い女性姿で描かれることが多くなっていく。

綯《な》い交《ま》ぜのオサカベ

興味深い作品として、角書きに「長壁姫」と銘打たれる文化六年（一八〇九）刊の合巻、式亭三馬《しきていさんば》作・勝川春亭《かつかわしゅんてい》画『「長壁姫《おさかべひめ》」明石物語《あかしものがたり》』があげられる。本作の序には、次のような内容が記してある。

天竺華陽山《てんじくかようざん》の頂きに双頭狐《そうとうこ》という頭が二つある奇獣がいるが、後醍醐《ごだいご》天皇の御代に本国へ伝来し、長壁姫《おさかべひめ》の心肝にわけいって様々の害をなす。明石太郎《あかしのたろう》夫妻の忠孝貞烈、薄命の艱難、時が至って天公の冥助《みょうじょ》を受け、父の仇討ちをして再び家名を興す始末。かつ注連地《しめじ》に長壁赤手巾《おさかべあかてぬぐい》の童謡、人丸塚《ひとまるづか》、播州皿屋敷《ばんしゅうさらやしき》などのことを記録した御《お》伽物語《とぎものがたり》である。

播磨半国の領主注連地《しめじ》判官宗氏《むねうじ》の後妻岩手御前《いわでごぜん》は、殿の留守中に悪臣黒塚陳平《くろづかちんぺい》と計って、先妻の子である「をさかべ姫」を殺そうとするが、双頭狐が姫の中に入り込むと、姫は無道な人物となって逆に二人を滅ぼす。その後、姫は様々な残虐な仕打ちをするようになる。一方、かつて播磨半国を領すも注連地判官にその地を奪われた明石《あかし》入道照定《てるさだ》の嫡子である明石《あかし》太郎照義《てるよし》は、病や貧困に苦しみ、妻のお須磨《すま》が殺害されるなどの艱難辛苦を経ながら、父の仇を討つという筋の物語である。場所の設定が播磨であること、「をさかべ姫」や「狐」が登場することから、本作の「注《し》連地《めじ》」とはもちろん姫路を意識した名称である。播州や姫路に関わる「姫路に長壁赤手巾」や「人丸塚」、さらに「番町皿屋敷」の趣向をも混ぜ込んだ、まさに播州姫路づくしの作品といえる。

そして、天竺由来の狐が女性に憑くという内容から想起されるのは金毛九尾狐であろう。金毛九尾狐とは、中国の妲己《だっき》や褒姒《ほうじ》、インドの華陽《かよう》夫人、日本の玉藻前《たまものまえ》と、三国の美女に取り憑いて悪事をなした妖怪である。『明石物語』のをさかべ姫も狐に憑かれ、「悪行昼夜にまさりて、腰元・女童《めのわらは》の類、少しの落ち度あれば、或は胸を裂き、或は五体をきだきだに切り苛《さいな》み、蛇責め水火の責めをかけ、苦痛の声を聞きて楽しみとす。」というように、妲己の「蠆盆《たいぼん》」（掘った穴に毒蛇を入れ、その中に突き落とす刑）を思わせる悪虐ぶりである。『明石物語』のをさかべ姫は、姫路のオサカベ狐と金毛九尾狐とを混在させた形で描出されていると考えられる。

文化年間（一八〇四~一八一七）に、金毛九尾狐を題材とした小説が陸続と出版された。読本では高井蘭山《たかいらんざん》作・蹄斎《ていさい》北馬《ほくば》画『絵本三国妖婦伝』（享和三年〔一八〇三〕~文化二年〔一八〇五〕刊）、法橋玉山《ほっきょうぎょくざん》作・画『画本玉藻譚《えほんたまものがたり》』（文化二年〔一八〇五〕刊）などがあり、また合巻としては、『画本玉藻譚』から影響を受けた山東京伝作・歌川豊国画『糸《いと》車九尾狐《ぐるまきゅうびのきつね》』（文化五年〔一八〇八〕刊）や式亭三馬作『玉藻前三国伝記』（文化八年〔一八一一〕刊）も出版されている。演劇では、四世鶴屋南北が文化四年（一八〇七）に『三国妖婦伝』を作っている。享和~文化年間に、妲己や玉藻前といった金毛九尾狐の「妖婦」譚が流行していたことが確認できよう。

異なる物語の世界を混ぜ合わせる手法は江戸時代の戯作で行われており、「綯《な》い交《ま》ぜ」と呼ばれる。例えば、天竺帰りの船頭天竺徳兵衛《てんじくとくべえ》は蝦蟇の妖術を用いるが（四世鶴屋南北作『天竺徳兵衛韓噺《てんじくとくべえいこくばなし》』、文化元年〔一八〇四〕初演など）、他にも蝦蟇の妖術を使う人物に自来也《じらいや》（感和亭鬼武《かんわていおにたけ》作・蹄斎北馬《ていさいほくば》画『〔報仇奇談《かたきうちきだん》〕自来也説話《じらいやものがたり》』、文化三年〔一八〇六〕刊など）がいる。そこで、この二作品の特徴を「綯い交ぜ」にして、新たな物語（例えば、山東京伝作・歌川豊国《うたがわとよくに》画『敵討天竺徳《かたきうちてんじくとく》兵衛《べい》』、文化五年〔一八〇八〕刊）を紡ぎ出す。そういった作品が江戸時代にはよく作られた。

手塚兎月《てづかとげつ》作・玉峯《ぎょくほう》画『〔小説両談〕長我部物語《おさかべものがたり》』（文化七年〔一八一〇〕刊）も同様である。姫路の旅宿で老翁が方言

図８：『明石物語』口絵
（国立国会図書館蔵）

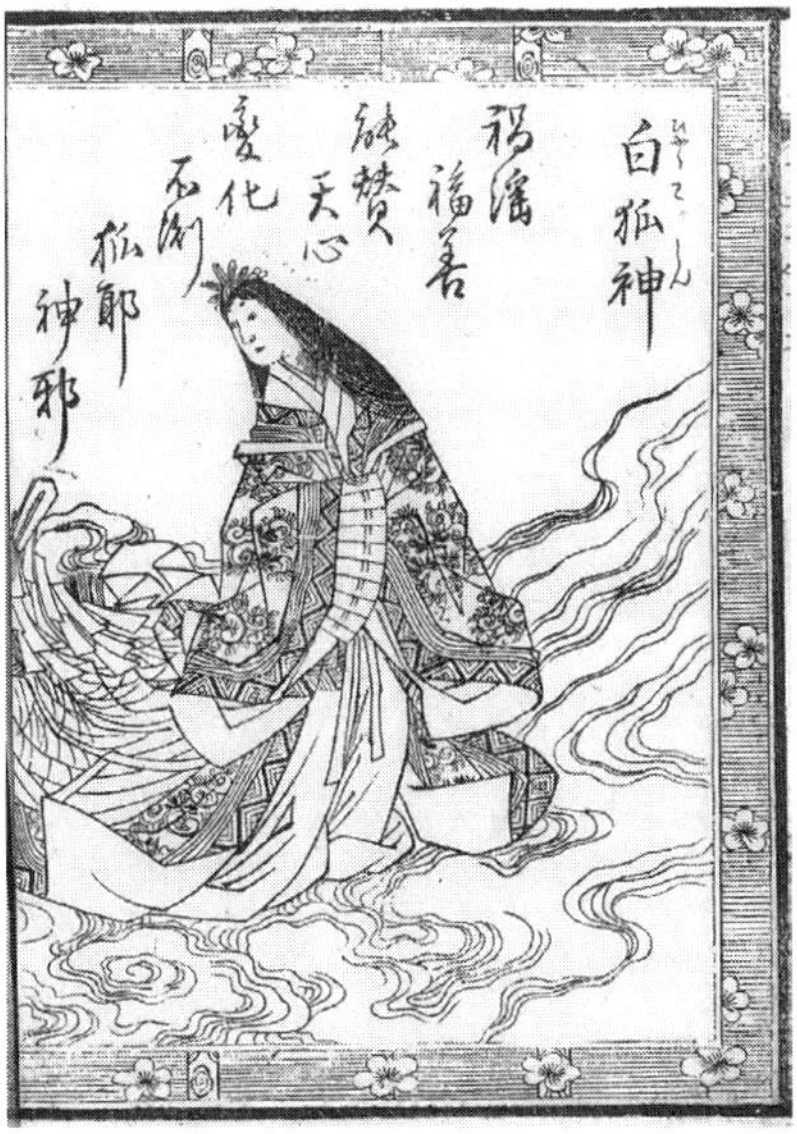

図９：後刷本『長我部物語』口絵
（服部仁氏蔵）

で語った話として物語は始まる。常陸の国桜川の領主戸能野《とのの》磯熊《いそくま》と下総の結城桂之助《ゆうきかつらのすけ》の合戦は、磯熊家臣長我部丹治《おさかべたんじ》の信仰する白狐神の援けによって勝利する。この白狐神は「殺生石」伝説の金毛九尾狐が、玄翁の済度によって良民の守護神となったものであった。その後、丹治や播州の絹売り彦一《ひこいち》といった人物たちを加護する役割として、白狐神が活躍する。従来の姫路のオサカベ狐の要素はほとんど見られないが、姫路や白狐神を信仰する長我部《おさかべ》丹治の姓から、オサカベ狐と関わるであろうことは容易に想像できよう。その証拠に、本作の巻末に後編の予告として「姫路郷中《ひめじかうちう》の怪異《けゐ》、白狐神霊《びやくこめうじん》を長我部明神《おさかべめうじん》と崇《あがむ》る」とある。後編が予告されながらも、結局出版されなかったということは江戸時代には多々あり、現在のところ『長我部物語』の後編の存在は確認できない。したがって具体的な内容は不明であるが、元が金毛九尾狐の白狐神と姫路のオサカベとが混ざり合う予定であったと考えて良いだろう。本作は、

図10：『今昔画図続百鬼』「玉藻前」
（九州大学附属図書館蔵）

題簽の角書きを「鬼神守護」と改めた形で明治まで刷られており、近代に入ってもなお金毛九尾狐と綯い交ぜになったオサカベが人々に受容されていった。他にも、楽亭西馬《らくていさいば》作・一猛齋芳虎《いちもうさいよしとら》画の合巻『長《おさ》壁狐妖婦奇談《かべぎつねようふきだん》』（嘉永五年〔一八五二〕刊）などの例がある。

　では、そのオサカベの姿はどのようなものであったろうか。『明石物語』のをさかべ姫（図8）と『長我部物語』の白狐神の姿（図9）を見ると、いずれも十二単を纏い、檜扇を持つ若い女性が描かれている。そしてこの姿が、『続百鬼』の玉藻前（図10）と共通する要素を持つことは疑いを容れないであろう。特に玉藻前は後方から光が差すように描写されるが、その特徴は『明石物語』の長壁姫の怪異に採り入れられている。なお、玉藻前が描かれる際にはこのように後光が描かれることが多い。図像においても、両者の綯い交ぜの様子が見て取れるのである。

　蛇足ながら、『続百鬼』では「玉藻前」と「長壁」とが見開きの隣り合わせで配置されている。正体が狐であるという伝承の共通性に加え、『続百鬼』で両者が並べて配置されたことも、両者の怪狐を重ね合わせる契機となったのかもしれない。

変遷するオサカベ

つまり、オサカベの姿は演劇や小説の中で脈々と受け継がれ、さらに狐という共通項から「綯い交ぜ」によって三

図11：『宮本二刀伝』表紙（著者蔵）

国（中国、インド、日本）にまたがる金毛九尾狐である妲己、華陽、褒姒、玉藻前らと混合され、その視覚的なイメージが後世に多く影響を与えたと考えられる。

一例ではあるが、内容の異なる作品の表紙を掲げてみよう。図11と図12を御覧頂きたい。これらの表紙を見比べて、内容の違いに気がつくだろうか。図12は村井静馬編『三国妖婦伝』（明治一八年〔一八八五〕刊）であり、表紙の題名で玉藻前であることは想像がつくであろう。しかし、図11の大西庄之介編『宮本二刀伝』（明治一〇年代頃刊カ）上巻（右側の女性が描かれた表紙、右下に㊤とある）の表紙はいかがであろうか。江戸時代後期から明治にかけて、絵本の表紙は上巻と下巻の表紙二枚を並べると一枚絵になるという趣向が行われていたが、上巻のみで題名が書かれていなければ、女性を玉藻前と勘違いしても不思議ではないだろう。横に下巻の武蔵を並べることで、オサカベ姫と判断

図 12：『三国妖婦伝』表紙（著者蔵）

できる描き方がなされている。

現代に伝わる武蔵のオサカベ狐退治譚は、播州姫路というキーワードから播州出身の武蔵とオサカベとをつなげ、江戸時代の小説に見られるオサカベの特徴をふまえつつ、その他の要素も採り入れながら成立した話といえよう。特に武蔵の武勇譚が語られる『英雄美談』において、オサカベ狐は武蔵を騙くらかすことに成功し、「宮本《みやもと》は勇有《ゆうあり》て智《ち》足《たら》ざる様《やう》なれども、決《けつ》して然《さ》にあらず。数《す》百年を経《へ》し老狐《ろうこ》は人智《じんち》も及《およ》ばざる所《ところ》ありと云《いふ》」と記される。武蔵の武勇を表すためとはいえ、姫路のオサカベは武蔵を苦しめる怪異として人々に受容された。そしてこの武蔵とオサカベの話は、明治三三年（一九〇〇）の三代目河竹新七作『闇梅百物語《やみのうめひやくものがたり》』や、姫路城の「宮本武蔵の妖怪退治」の元となった大正四年（一九一五）の新聞小説『宮本武蔵』（大阪毎日新聞）などの近代作品に受け継がれていくのであるが、例えば「老狐」を「道場」で倒した『英雄美談』に対し、新聞小説『宮本武蔵』では武蔵が「天守」に登った際に「黒《こ》狐《そ》」を退治するという内容に改められている。時代を経て、姫路「城下」の出来事から姫路城「天守」での出来事に物語は変化してゆく。

〈史〉と〈虚〉の狭間で生まれたオサカベという怪異は、人々に語られる内に、その特徴や性質、そして姿も変えながら、脈々と人々の中に生き続けるのである。

【参考文献】
橋本政次『新訂 姫路城史』全三巻（臨川書店、一九九四年）
埴岡真弓「姫路城刑部姫伝説の成立と展開」（『播磨学紀要』五、一九九九年）
横山泰子「恋するオサカベ」（一柳廣孝・吉田司雄編『妖怪は繁殖する』所収、青弓社、二〇〇六年）
香川雅信『江戸の妖怪革命』（角川学芸出版、二〇一三年）
香川雅信「学芸員コラムれきはく講座 第八九回「城と狐」」（歴史博物館ネットミュージアム ひょうご歴史ステーション、二〇一七年、https://www.hyogo-c.ed.jp/~rekihaku-bo/historystation/hiroba-column/column/column_1708.html（二〇二〇年八月一三日閲覧））
南郷晃子「城をめぐる説話伝承の形成―姫路城を中心として―」（『説話・伝承学』一四、二〇〇六年）
南郷晃子「城の説話と大工と天狗―姫路城「天狗の書状」をめぐって―」（『説話・伝承学』二八、二〇二〇年）

【附記】本稿はJSPS科研費、基盤研究ⓒ「19世紀初頭・長編小説生成期における構成・素材・記述に関する総合的研究」（代表：木越俊介、16K02411）および愛知県立大学学長特別研究費「寛政期怪談の成立と受容に関する基礎的研究」の助成を受けた成果の一部です。図版掲載の許可を賜った諸機関に御礼申し上げます。

松江城

伝説をつなぐ祈祷櫓

菊池 庸介

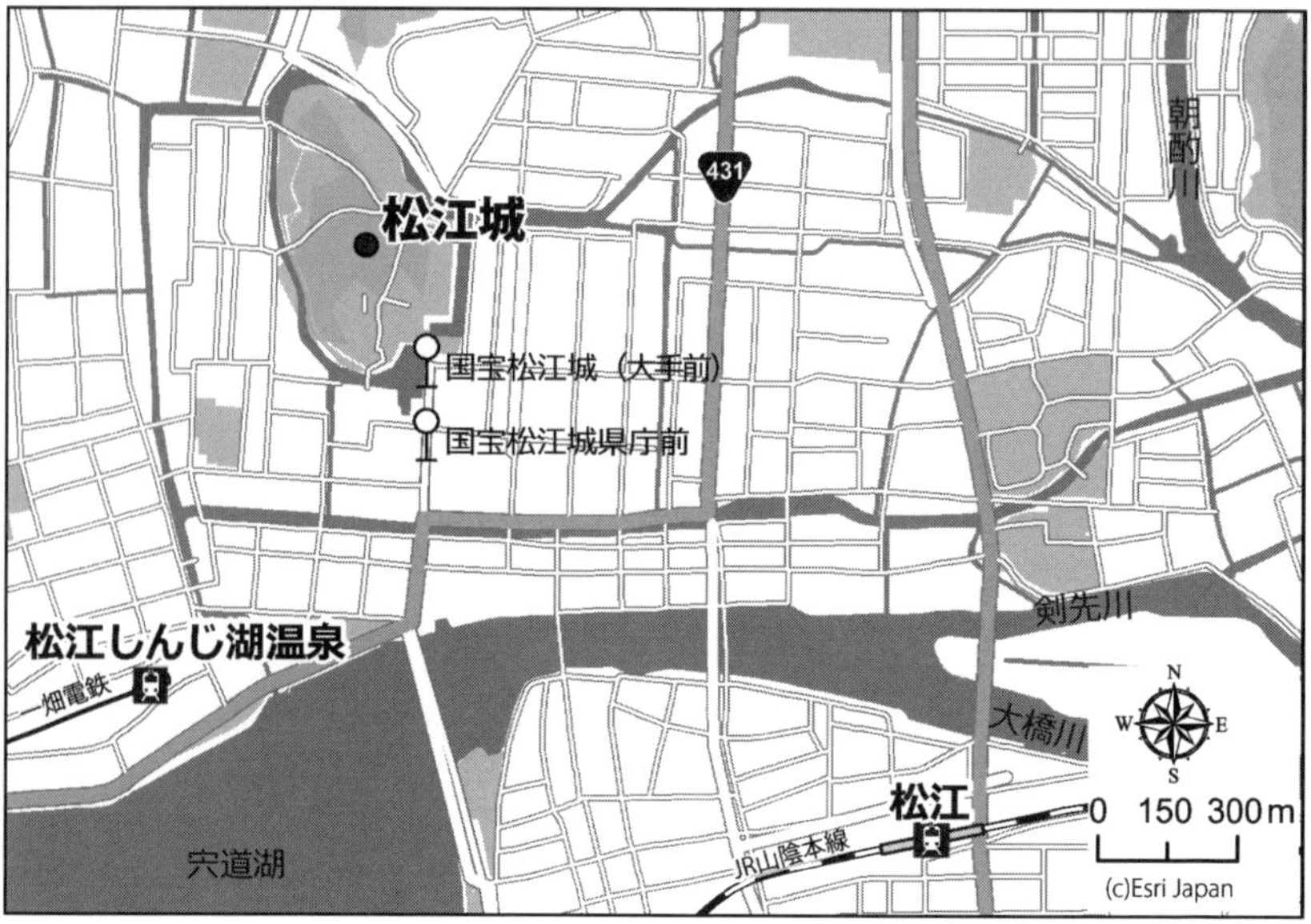

松江城

島根県松江市殿町一‐五

アクセス　ＪＲ松江駅から市営バスまたは一畑バスで「国宝松江城県庁前」バス停下車 徒歩三分、または「ぐるっと松江レイクラインバス」で「国宝松江城（大手前）」バス下車 すぐ

「祈祷櫓」跡

本丸にあった六つの櫓の一つ。

築城前には、この櫓の建ったところに塚があり、また榎木を神木とする荒神が祀ってあったところであり築城時にしばしば石垣が崩壊する怪異が生じた。

「祈祷櫓」の名称は、それを祀りなおし以来毎月この櫓で松江城の安全祈祷を続けたことに由来している。

この櫓は「東之出し矢倉」とも記されているが幕末頃には伝説に基づいて「コノシロ櫓」とも呼ばれた。

（以下略・松江城祈祷櫓跡の案内板より抜粋）

島根県松江市に建つ松江城は、天守閣も現存しており、その美しい姿を今にとどめている。別名千鳥城とも呼ばれ（宍道湖の千鳥がよく見えるから、あるいはかつて天守閣に千鳥破風が設えてあったから等、由来は諸説ある）、城郭建築最盛期である慶長期を代表する天守として（松江城パンフレット）、平成二七年（二〇一五）には国宝指定された。

この松江城にもまた、いくつかの怪異譚が伝わっている。本稿ではそのうち、次の三つを取りあげる。

・ギリギリ井戸
・このしろ櫓
・人柱

これらは、いずれも江戸時代前期の、具体的に言えば、松平家入部直後までの間に起きたとされる話である。そして、これらのそれぞれの伝説には、多かれ少なかれ、松江城にかつてあった祈祷櫓が関わっている。それぞれの話がどのようにして形成されたのかを考えつつ、祈祷櫓との関わりも見ていくことにする。

松江藩の起こり

怪異譚の紹介に入る前に、松江藩の成立事情について、大まかに確認しておくことにする。

出雲国一帯は、戦国時代は尼子氏が領有していた。のち、毛利一族が侵攻、尼子の政治拠点であった月山富田城《がっさんとだ》を攻略し（永禄九年〈一五六六〉一一月）、毛利氏・吉川氏と富田城に入城していたが、関ヶ原の合戦以降、出雲を退く。

徳川家康から領地を賜り、慶長五年（一六〇〇）出雲に入国したのは、それまで越前国福井にいた堀尾氏である。堀尾吉晴は一一月に嫡子忠氏とともに富田城に入城する。この時点では、城地や城下町は富田（島根県安来市《やすぎ》）にあり、まだ松江藩は組織されていない。

月山富田城　二の丸跡から本丸跡を望む

堀尾吉晴が富田から城地を移す願いを出し、幕府から許可を得たのが慶長八年（一六〇三）のことである。移城の理由については、富田城のある月山が周囲の山よりも低く、敵から俯瞰されること、砲術戦・籠城戦に弱い山城であること、城下地が狭いこと、富田川が堆積し、城下地に洪水を招きやすいこと、国境に近いこと、などである。時勢に合わない城であり、人力では解決できない問題も抱えていた。

城地の選定については、元禄元年（一六八八）～寛政三年（一七九一）の間に成立した『松江亀田山千鳥城取立古説』（堀恵之助編『松江亀田山千鳥城取立古説』（中原健次、一九九三年））によれば、荒和井山を推す吉晴と亀田山を推す忠氏とで意見の相違があったようだが、結局忠氏の意見が容れられ（この時忠氏は逝去していた）、慶長一二年（一六〇七）、吉晴によって松江城の築城が開始される（慶長一五年には天守閣が、翌一六年に武家屋敷が出来上がり、竣工した）。

ちなみに、「松江」の地名が公称されるのは、慶長一二年からのようで、城地近辺一帯は、末次、白潟などの名で呼ばれていた。宝暦（一七五一～六四）ごろに書かれた出雲国の地誌『雲陽大数録』（『新修島根県史　史料編2　近世上』所収、底本は島根県立図書館蔵本・春日鐐三郎氏蔵本により補訂したもの）には、この一帯を松江と称するようになった事情が次のように記される。

一、松江と府名を付る事、円成寺開山春龍和尚の作なり、唐土の松江鱸魚と蓴菜と有るが故名産とす、今城府も其ずんこうに似たれば、松江と称すと云云

（原漢字片仮名混じり文。引用に際しては、読解の便をはかり、適宜表記を改めた。以下他の引用箇所についても同様の処理を施した）

円成寺の春龍が、「松江の鱸魚《ずんこう》」で有名な中国の松江にならって松江と称したからという。また一説には「今の松江の城をば縄張して鱸の名所也とて松江と名付しは甫庵也」（『白石紳書』）とあるように、小瀬甫庵《おぜほあん》が名付けたからとも言われる。甫庵は『甫庵太閤記』の著者として名高く、当時堀尾吉晴に仕え、ここにも記されているように、松江城の縄張（城郭の配置・構成を設計すること）も行ったとされる人物であった。春龍はもと遠江国浜松天徳寺の住職であり、堀尾家とともに出雲に移住しており、甫庵と春龍のつながりはあったとされる（『増補　松江城物語』）。「松江」名の選定を実際に行ったのは両者だったようだ。

松江に城下町を作り、松江藩として出発した堀尾家だが、城の落成直前に吉晴が亡くなり、先に死去していた忠氏の嫡子忠晴が後を嗣ぐ（堀尾家は出雲入国時、すでに吉晴は隠居しており、忠氏が当主であった。だが忠氏が入国四年にして亡くなり、吉晴が政務を代行したため、事実上の初代とみなされていた）。その忠晴も寛永一〇年（一六三三）で没すると、後嗣が無いため、家は断絶する。

堀尾家の後に松江に入ったのは若狭国小浜から転封してきた京極忠高である（寛永一一年入封）。だが、これもやは

り、寛永一四年（一六三七）に忠高の死去と無嗣子のため、断絶してしまう。
次に松江の地を治めることになったのは、翌年に信濃国松本から入封した松平直政である。直政は結城秀康三男であり、徳川家康の孫に当たる。これまでの藩主と異なり、直政は寛文六年（一六六六）まで約三〇年間、藩主でありつづけ、以後は江戸時代を通じて、松平家によって藩政が行われていく。この間、茶人大名として有名な松平治郷《はるさと》（不味《ふまい》）のような人物も現れている。

ギリギリ井戸

城山本丸に大人の塚と云ふ所がある。此処は工事中石垣を作るけれども夜毎に崩壊すること数度に及んだので、堀《（ママ）》って見ると大きな頭骨と槍の身を発見した。依ってその頭蓋骨は市成村に移し、今宮として祭り、槍の身は千酌浦のものが堀出したればその者が持帰りて使用したが鹿突きに頗る妙であった。のち此家のもの槍師の家へ屡出入したが、浦のものには用無き品と件の槍を槍師に送った。槍師はこれは俗家に持居るべき品で無いとて今宮へ奉納した。この因縁より祈祷矢倉を設け、その堀った跡を井戸として頭のぎり〳〵に因みてギリ〳〵井戸と名づけた。

（『島根県口碑伝説集』「ギリギリ井戸の由来」）

ギリギリとはつむじのことを指す。この怪異については『雲陽大数録』に見える。ただし、そこでは、石垣崩壊の怪異話とギリギリ井戸の話とは、項目が別立てになっている。前者について記されている内容は、ギリギリ井戸の記述が無い以外はほとんど変わらない。書き出しに「赤崎旧記ニ」と、『赤崎旧記』に依っていることが示され（ただし『新修松江市史』所収の比布智《ひふち》神社蔵本にはこの注記は無い）、槍師ではなく剣術師範が登場し、右引用の「今宮へ奉納した」の箇所以下が、「彼今宮に奉納せり、今の祈祷櫓の所なり、此縁をもって祈祷所と定玉ふと云へり」と、祈祷所がどのように定められたかを簡単に述べて、この項を結ぶ。ギリギリ井戸については、間に二項を挟んだあと、次のように記される。

ギリギリ井戸跡

祈祷櫓跡

一、キリキリ井、此所大人の頸掘出したる所、其印に井を深く掘り、頸の旋に像り後来名とす、此所祈祷矢倉の下なるべきなり

祈祷櫓の下に、頭蓋骨を掘り出した目印として井戸をつむじ状に掘り、その故を以てギリギリ井戸と名付けた、というわけだ。ここには「赤崎旧記」の注記がなく、それに依っているかどうかはわからない。

石垣崩壊や、祟りをなしたと考えられる頭骨と槍の出土というのは、祈祷櫓建造にまつわる由来であり、頭骨と槍が見つかった印としてつむじ形に井戸を掘ったというのは、ギリギリ井戸の由来であるということで、話のポイントはわずかにずれている。『雲陽大数録』のこの二つの記事は、現代ではギリギリ井戸の怪異としてひとつにまとめられていたものが、かつては分けて考えられることもあった―もちろん、関わり合っているとの認識はあったに違いない―ことを予感させるものである。なお、『雲陽大数録』よりも成立が早い出雲の地誌『雲陽誌』（享保二年〈一七一七〉、黒澤長尚撰、『大日本地誌大系27』所収）の「松江城」項には、次のような記事があり、注目される。

城地に大なる榎あり、荒神なりといふ、又大人塚とて古化現の人なりといひ伝る塚ありしを引ならし地形ありければ、いろいろ怪異多、成就も滞りけるにより、意宇郡芦高の神職松岡兵庫に仰て祈祷し、荒神は島根郡法吉《ほっき》村に移たてまつり、大人塚をば同郡一成村に移て今宮と号し祭ぬ、其後二夜三日地割の祈祷ありて普請成就したり、夫より毎月廿八日本丸にて祈祷あること今にいたれり。

荒神の榎や、大人塚という昔化現した人の塚があった場所を、城普請のために慣らした結果、怪異が起こったとする。怪異とは具体的に何があったかは不明だが、「成就も滞ける」とあるから石垣の崩落があったことも推測される。右の引用部分は、築城の経緯を述べた記事の一部であることから、怪異についてよりも、それを芦高の神職松岡兵庫が命を受けて祈祷し、その結果築城が成就し、毎月二八日には本丸で祈祷が行われるというような、どのようにして怪異を鎮め、普請が成就したかまでの顛末に筆を費やしている。

この記事では、そこを掘って人骨や槍が出現したとは記されておらず、ギリギリ井戸のことにも触れられていない。即断はできないものの、ギリギリ井戸の伝説の古形であることを予想させる。そしてそれはまた、祈祷櫓の成立について、より重きが置かれていたように思われる。

このしろ櫓

寛文十六年（注　実際は寛永一五年）直政公は初めて松江に入府し、初めて本丸を見分した。天狗の間に至ると一人の美しい女が現れた。公に向って『この城は妾が城なり』と云った。英気爽颯たる公は『このしろ（鰶）が欲しくば漁師に申付けて海より引あげて進らすべし』と云った。怪しい女の姿は煙の如く消えた。爾来公は鰶を取寄せ本丸荒神櫓へ納めることを例とした。依って此櫓をこのしろ櫓と称すること、なった。（『島根県口碑伝説集』「このしろ櫓の由来」）

この話は、古いものでは、松平家入部以降、直政から六代藩主宗衍《むねのぶ》までの、藩主や周辺の人びとの話を収集した逸話集『雲陽秘事記』（七代治郷のころ――一八世紀後半～一九世紀初頭に掛けて成立。国文学研究資料館庵逧巌旧蔵資料を底本とし、島根県立図書館蔵本を適宜参照）に見える（内容はほぼ同じであるため引用は省略する）。他の話も含めて、『雲陽秘事記』

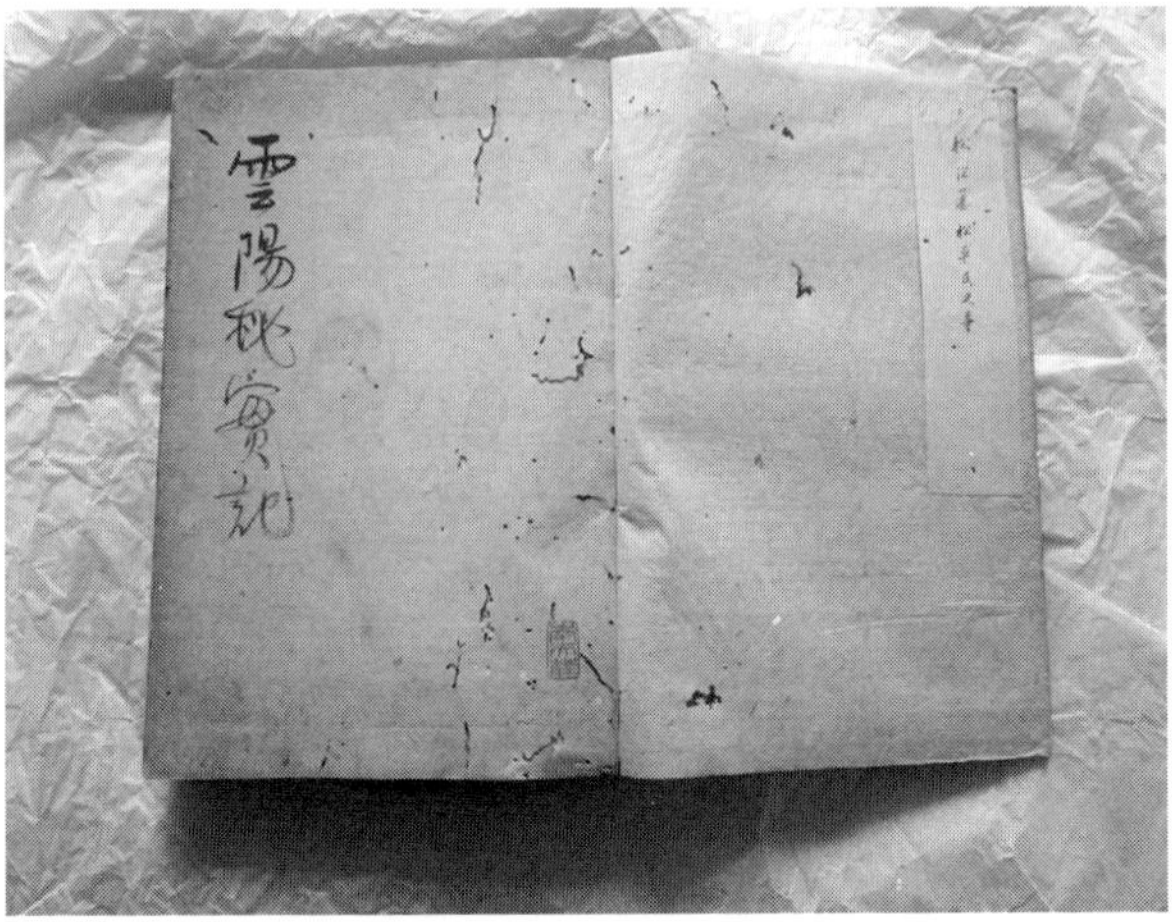

『雲陽秘事記』の一種・『雲陽秘実記』
（福岡教育大学学術情報センター図書館蔵）

での直政は、智力胆力のある明君として描かれる。この話も、本丸に突如現れ、城の持ち主であることを主張する謎の女―城地の女神である―に対し、臆すること無く機転をもって対峙するという直政の明君像、また、女神をないがしろにせず敬意を表し、領国内の安定を願うという、理想的君主像を示すものとして収載されている。

だが本話は、単に直政の人物像について賞揚するだけの話ではないことに注意する必要がある。それは松江藩じたいが、先に見たように、堀尾、京極と短期間で君主が交替した後に松平が入部し、そこに至ってやっと君主が安定した、という事実とも関係する。つまり、松江藩松平家は、（七代治郷の時代から振り返ってみるに）初代の直政が、天狗の間に現れた城地の女神から当国を支配する正当性を認められたことで、当代まで継続しているということを意味する。

松江を中心とする領国を治めるにあたり、その正当性を保証する話というのは、松平家にとっては重要なものであった。なぜならば、松江城を築いたものの三代で滅びてしまった堀尾家については、御家の凶兆を示す話が、（少なくとも『雲陽秘事記』成立時には）流布していたと目されるからである。『松江亀田山千鳥城取立古説』には、「出雲守様（注　堀尾忠氏のこと）御他界に付き、不思議成る事咄に承り候」として、嶋根郡大庭社（神魂《かもす》神社）に詣でた忠氏が、神社の奥にある小成池に行き、戻った後、急に煩いついたことが記される。小成池は、参る者が予め決まっており、それ以外の者は行ってはならぬとされていた池であった。忠氏は、「国主たるもの見申さざるところ有るべからざる候」と述べ、宮守や神主が止めるのも聞かずに、単身分け入ったのである。だが、戻って来た忠氏の様子にはただならぬものがあった。

神魂神社・拝殿と本殿

如何様の事に御座候哉、御けしきかわり御面色紫色に相見え申し候。何事も仰せられず富田へ御帰り遊ばされ候。以後御咄遊ばされ候。兼て物事追々申す間じきものなり。行かぬ所見ぬ所と申すは、必ず無用に仕るべき由御意遊ばされ候。大庭にて如何様これあり候哉、御沙汰は仰せ出されず候。程無く御煩ひ遊ばされ候。

神社の聖域を侵したことによる報いによって忠氏は急死したと考えられるが、その後の堀尾家に起きた凶事―松江城築城の困難、嫡子忠晴の死による家の断絶―を考えたとき、忠氏や堀尾家の、土地支配者としての正当性が土地の神には受け入れられなかったという見方も浮かび上がってくる。このような先例があれば、このしろ櫓の伝説は、自ずと松平家や住民にとって特別な意味を持つものになってくるだろう。

また、このしろ櫓については、従来荒神櫓と呼ばれていたことがうかがえるが、松江城郭図を初めとする江戸時代の松江城城郭関係の史料に基づいてみると、この櫓がおおよそ時代順に、祈祷櫓、東之出し櫓、荒神櫓、このしろ櫓と称されていたことがわかっている（『増補　松江城物語』）。つまり、先のギリギリ井戸伝説でみてきたように、築城時に松岡兵庫によって祈祷を行われたところが、後に祈祷櫓となり、ついにはこのしろ櫓と呼ばれるようになったということである。この伝説もまた、祈祷櫓と関わりの深い話であることがわかる。

ふたつの伝説の背景

『雲陽秘事記』には、このしろ櫓の由来譚の数話後に、次のような話が見える。

寛永十五年、直政公御入国ありて、ある時御居間の御縁へ出させ玉ふ時、十五六才計なる美少年、御目通りにあらはれ申けるは、我が君を守護し越前より来しが、当時住居する所これ無く、当所普門院に旅宿せり。願くは御城内に差置給はば、御家のあらん限りは、我れ守護神となり、江府御国共に火災の難を除くべし。我は稲荷新左衛門なりといふて、かきけすごとく失ければ、太守是より、御城内に若宮八幡宮有しを、此処へ同社仰せつけられ、則ち普門院を別当に仰せつけられ、神主松浦兵庫、慶長年中堀尾氏当城普請の時、怪異を鎮し事ありし由緒ありける故、則ち此兵庫へ仰せつけられ、社領弐十表下し置かる。

（「松江御城内稲荷大明神由来の事」）

これもまた松江に伝わる有名な話で、稲荷新左衛門とも呼ばれる。松江城内北方にある稲荷社（城山稲荷神社）の由緒を述べたものである。稲荷新左衛門については、『雲陽誌』巻一「島根郡」章「稲荷」項や、全国に流布した『本朝故事因縁集』（元禄二年〈一六八九〉刊）「出雲松江若宮」などにも見える。書き方はそれぞれ異なり、前者は、寛永一七年のある夜に、旧領信濃国松本から直政について来たという白狐が直政の霊夢に現れ、勧請するというもの、後者は直政旧地時代に庭前に出てきた狐が国替えを予言し、松江入部後、双方は再会、稲荷社（若宮）建立というもの

城内稲荷神社拝殿

「松江御城内稲荷大明神由来之事」該当部分
（前掲『雲陽秘実記』）

である。いずれにしても稲荷新左衛門が守護神となって、家の安泰が保証されるということを述べている。このしろ櫓の話と思い合わせると、直政にはじまる松江藩松平家は、城地の女神・稲荷双方から領国を保証されていることがわかる。

稲荷新左衛門については、『雲陽誌』巻一「普門院」の項でも記されている。

初め直政公、寛永十五年此国を賜り入部ありて、同十七年、ある夜御夢の中に白狐来て入部の嘉祝をいふ。さて信州にて我を信心ありしゆへに是までまいりたり、当所普門院を宿坊としてあるよしをいひ畢て御夢はさめぬ、即ち戸をひらき御覧あれば、信州にての白狐現に庭前にあり、遠方きたられたる志の奇特なりと仰ありければ、白狐は寝所の床の下へ入ぬ、其夜普門院を召て、稲荷を勧請すべしとの仰ありしによりて、宮地を見立、城内今の稲荷の宮所に勧請、則ち普門院を別当と定らるるなり、意宇郡出雲里の神職治部といふ者を社司となしたまふ。

美少年が現れるか霊夢かの違いはあるものの、白狐が普門院を宿所にしていると直政に告げることは、『雲陽秘事記』同様である。ただし、稲荷社を勧請するときに、ここでは直政が普門院に直接命じて勧請をさせていることがわかり、普門院の存在を一段と大きくしている。なお、一八世紀半ばに編纂されたと目される出雲国の地誌『出雲鍬』「島根郡」章「稲荷大明神」項（『松江市史　史料編6　近世Ⅱ』所収）では、「古老語伝に曰く」として稲荷新左衛門が直政の夢中に現れる前に普門院法院に旅姿で対面し、供は芦高神社に残して来たことや、直政から（稲荷社建立について）尋ねられたらよろしく計らってほしいことなどの話が付け加わっている。

ここで注目したいのは、この話には二つの宗教者が現れることである。松浦兵庫（『雲陽誌』では治部）は「ギリギリ井戸」の話に出てきた松岡兵庫と同一とみなしてよい。松江城石垣普請の際に功績があり、祈祷所での祭祀を任された家であった。いっぽう普門院は、豊臣家滅亡後、堀尾忠晴が豊国神社の社僧であった賢清に寺地を与え開かせたもので、松江領主代々の祈願所となった寺院である（『雲陽誌』）。そしてこの二者は、普門院は別当、松岡兵庫は社領二〇俵が与えられ、それぞれが兼務という形ではあったが稲荷社を管理する立場となった。両者の確執は当然ながら

普門院（元禄二年〈1689〉に現在地に移転）

普門院の稲荷社

阿太加夜（芦高）神社

阿太加夜神社に祀られる稲荷社

あり、次第に普門院側の威勢が強くなっていったようである。江戸中期以降になると、祭祀の時に別当は本殿まで入れるが神主は大床までしか認められなくなったり、寺社奉行の抗議に従わず本殿に仏像を安置したりするなどの別当の専横もあった（『新編　松江八百八町町内物語』「御城内稲荷さん」）。芦高神社の側はどうかと言えば、たとえば現在にも伝わる松江の神事「ホーランエンヤ」は、稲荷社から芦高神社（阿《あ》太《だ》加《か》夜《や》神社）へ神輿を運ぶ式年神幸祭であり、五穀豊穣を祈念する意味合いで行われたとされているが、いっぽうで普門院側の威勢に対する、芦高神社側の権威を示すものとして、盛んになったものとも言われている。

話は少し戻るが、ギリギリ井戸の由来の話は、古い形と考えられるものは、怪異は具体的には語られず、石垣普請に成功するまでの経緯が記されているものだった。そしてその功績者は、松岡兵庫であった。『雲陽誌』「松江城」項の末尾の一文「夫より毎月廿八日本丸にて祈祷あること今にいたれり」は、見方を変えるとこの話が、松岡兵庫や芦高神社をたたえ、松江藩初代からの由緒を主張するものとも言えるだろう。

これまで見てきたような、松江における怪異譚の発生については、松平直政入部以前から一定の地位を獲得していた宗教者による、それぞれの利権のせめぎ合いが、背景のひとつである可能性が言われている（「城をめぐる説話伝承の形成」）。領主が交替し、支配体制が変わることは、宗教者にとってもそれまでに築いた地位が不安定になったことを認識させる。そうなったとき、それぞれの地位を確認する方法のひとつが、由緒話であろう。築城のときに城地を鎮め、その後の安定を祭祀によって保とうとすることや、守護神である狐を勧請することで、他所からやってきた新しい領主と関わりを作ろうとする。そのような思惑がこれらの伝説を通して透けて見えてくる。

人柱

この不気味な城にはそれなりの言い伝えがある。

（中略）松江の一人の娘が築城のとき城の石垣の下に今は忘れ去られた神々への犠牲として生き埋めにされたという話がそれである。娘の名前は全く記録に残っていない。彼女のことで分かっているのは、ただ彼女が美しかったことと踊りが非常に好きだったことの二つだけである。

ところで城がいよいよ出来上がった後で、松江の町で娘たちは誰一人踊ってはならぬという禁令を出さなければならなかったと言われる。何しろ、誰でもよい、若い娘が踊るたびにお城山が決まって震え、あの大きな城が土台からてっぺんまで揺らいだからである。

（小泉八雲「神々の国の首都」）

これも松江城築城にまつわる伝説である。文献上のものでは、現在のところ、江戸時代に記されたものは見いだせていない。右の小泉八雲のものなどは、早い方のものといえる。ギリギリ井戸やこのしろ櫓の話に比べると、生み出されたのは時代が下ってからとひとまず考えておくのが穏当だろう。

この伝説が形成されていく背景について考えてみよう。松江城の人柱の話についていえば、いくつかの異同があるものの、先に見てきたような宗教者による領主権力への関係づけのようなものを、うかがうことはできない。

それとは別に、たとえば人柱を立てる理由として、石垣を築くも何度も崩れるため、とするものがこの話の一つにあるように（『名城伝説』「松江城の人柱」）、ギリギリ井戸の由来の話との関係が想起される。どちらも人（あるいは頭骨）が地中に埋められるというところに相似がある。また、話によっては人柱にされたのが虚無僧というものもあり（『同右』）、その宗教的イメージが、『雲陽誌』にみえる大人塚に葬られた「化現の人」への近さを感じさせる。

この伝説に現れる娘については、踊りのうまいことが人柱となる条件となっている場合が多い。そのせいで城に怪異が起こり、踊ってはならないという禁令が出された、というのが典型といえる。

実際に出された、踊りを禁止する触れについてみてみると、次のような国令がある。

覚

をどり・辻相撲停止の旨仰せ出でられ候間、下々堅く申しつけられ候、もし猥りの族これあるに於いて

は、品に依り主人まで越度となすべく候、この旨申し触れらるべく候

天和二戌六月九日　　仙石猪右衛門

村松将監

三谷権大夫

星野小右衛門殿

山田孫大夫殿

（『松江市史　史料編6』）

天和二年（一六八二）のものだが、翌年六月、貞享四年七月にも同じ触れが見えるなど、定式のものだったようで、これ以前にも出されていた可能性がある。辻相撲は民間で行われていた、素人が参加するような草相撲のことを指すのだろう。この触れは町場での秩序風俗の乱れることがないよう出されたものと考えられる。後年になると、「追々厳敷相制し候上は格別に相慎むべき筈と候へども」（天明八年〈一七八八〉二月）、「踊相催の儀、堅く相ならざる旨町中へも急度申渡置候」（天保一一年〈一八四〇〉二月）など、より厳しく取り締まろうとする文面も出てくる。

松江藩における踊りの禁止は、本来は、他の藩にも見られるような、風俗取り締まりの一環だったと考える方が妥当であろう。当時の人びとは、その裏側に人柱伝説という「真実」を付け加えたのではないだろうか。

判断となる根拠に乏しいので、可能性の提示に留めるが、人柱伝説の形成はつまるところ、藩によって出された踊りの禁令があり、それと、石垣普請にまつわる怪異伝説、大人塚の伝説などが結びついたように見える。さらにはそこに、踊り禁令に対する、民衆の不満も加わったのかもしれない。

なお、人柱にされた娘については、天狗の間で松平直政の前に姿を現した女神であり、それは堀尾吉晴の息女（南郷晃子氏蔵『雲陽秘事記』「直政公始て御本丸へ上り玉ふ事」書き込み）、あるいは側女（『新編　松江八百八町町内物語』「松江

城物語」）という説もある。

これまでギリギリ井戸、このしろ櫓、人柱という、松江城に関わる三つの怪異譚について、とくに話の生み出される背景について注目しながら紹介してきた。松江城に伝わる三つの怪異伝説は、ギリギリ井戸の由来のうち、『雲陽大数録』に記載されている形（ギリギリ井戸のことまでは述べず、頭骨と槍を発掘した話）が大本であり、そこから派生したものとも言われる（『増補　松江城物語』）。たしかに、三つの話は根底でつながりを持っている。祈祷櫓はその象徴的な紐帯である。

【参考文献】

島根県教育会編『島根県口碑伝説集』（島根県教育会、一九二七年。歴史図書社からの再刊本（一九七九年）を参照）
小泉八雲著・平川祐弘編『神々の国の首都』（講談社学術文庫、一九九〇年）
島田成矩『増補 松江城物語』（山陰中央新報社、一九九九年）
南郷晃子「城をめぐる説話伝承の形成―姫路城を中心として―」（『説話・伝承学』一四、二〇〇六年）
田中則雄「文学としての『雲陽秘事記』」（『島大言語文化』二六、二〇〇九年）
荒木英信編『新編 松江八百八町町内物語』（ハーベスト出版、二〇一二年。初出は一九五四年～五六年にかけて「山陰日日新聞」（島根版）に連載）

松山城

蒲生家の断絶と残された景色

南郷　晃子

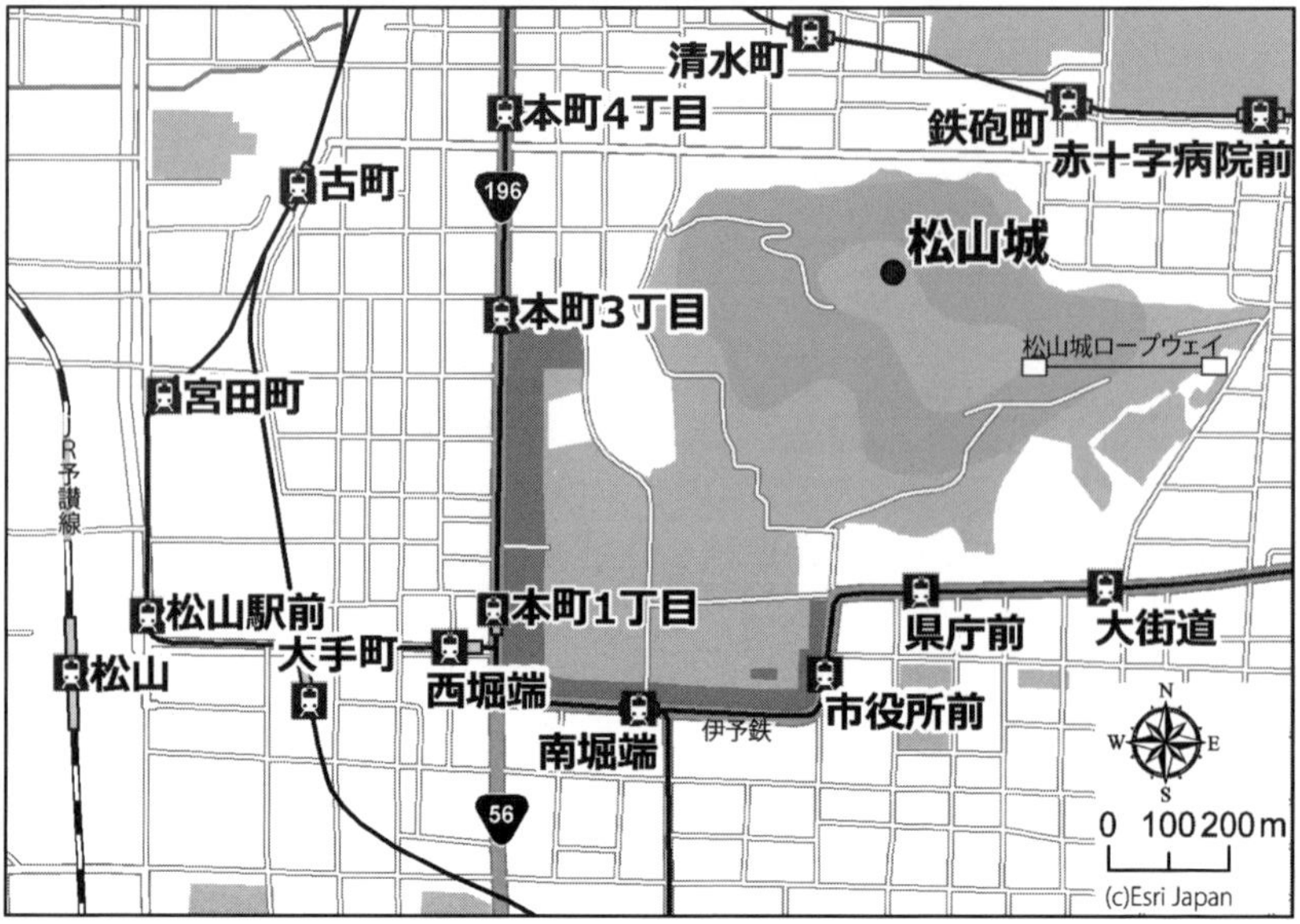

松山城

愛媛県松山市丸之内一
アクセス　ＪＲ松山駅から伊予鉄（市内電車）大街道駅下車、松山城ロープウェイ乗り場へ徒歩五分

天狗は名人の笛の音に聞きいっていたが、「松山の城下にはお前ほどの吹き手は他にない」という誉め言葉と共に小箱を手渡した。「笛のお礼だ。が、決してふたを開けてはいけない」といって消えてしまった。この話を聞いた忠知は興味を示し、小箱を見せるように名人にいった。しぶしぶ名人が小箱をさし出すと今度はふたを開けてみろといって聞かない。名人が断ると蒲生家に代々伝わる槍の柄で、小箱を打ち砕いた。すると中から巻物が出てきた。

忠知がそれを開いてみると、そこには「蒲生家断絶」と書かれてあった。ただでさえ、世継ぎがなく異常な状態になっていた忠知である。この事件以来とうとう常軌を逸して、領内の妊婦を城へさらってきては、その腹をさいたといわれる。

（「松山城七不思議探訪」まないた石より）

はじめに

城の怪異譚には、景観と歴史が縦糸と横糸のように織り合わされている。けれども近代の大規模な城の破壊とそれに続く空襲の被害、そして城跡における都市の再形成を経て、往時の「景観」を留める城はほとんどない。ところが松山城はかなり広い範囲での保存が行われている。景観、歴史そして書物、これらを前に怪談世界に没入することは、多くの場所でもはや困難な行為であり、松山城なればこそ、紐解かれる物語がある。

廃部屋伝承

愛媛県松山駅を降りてすぐ、正面に見える小高い勝山を目指し大通り沿いに歩くと松山城の堀に着く。しかし天守閣ははるかに遠い。本丸は標高一三二メートルの山頂にある。元々の天守閣は焼失しており、現存の天守閣は安政元年（一八五四）、ペリー来航の翌年に完成したまだ新しいものである。

松山城を見上げる

そもそも、勝山は味酒山《みさけやま》と呼ばれ、室町期は河野氏が管理する山城があったと考えられている。慶長七年（一六〇二）、加藤嘉明は勝山における築城を開始し、嘉明が会津に転封となった後は、新たに入封した蒲生忠知が作業を引き継いだ。蒲生忠知は、会津藩主であった兄の蒲生忠郷が嗣子のないまま急逝したために、蒲生家を継いで松山藩主となった人物である。しかしその忠知もまた世継ぎがないまま、世を去ることになる。あとを継いだのは松平家で、松山城はそのまま松平家当主をその主として幕末を迎えることになる。

松山城は城構えが非常によく残されている。城山の裾野には二之丸跡が二之丸史跡庭園として整備され、その麓には三之丸跡が堀之内地区として保存され広がっている。堀之内地区の一角、東堀を渡りかつての東御門跡を通ってすぐに「元小普請所跡」という看板が立っている。

元小普請所跡看板

蒲生期までは上級家臣の居住地であったその場所に、松平定行は小規模な工事を担う役所と材木蔵をおいた。その場所はいつの頃からか「廃部屋」と呼ばれ、不気味な噂がささやかれていた。看板曰く、蒲生忠知に殺された多くの妊婦と赤子が埋められているという噂や勇敢な侍をだます女幽霊や人を驚かす妖怪の話など、様々な逸話が残されている、と。

「廃部屋」の話は江戸時代の文献のうちに見えている。伊予史談会が所蔵する写本『松山俚人談』における「灰部屋」の話がそれである。なお『松山俚人談』は中山課々子輯著と記されているが、それ以外のことは不明である。同じく伊予史談会が所蔵する同書の写しには天保一四年（一八四三）に長屋満明が写したという記が入っている。したがって成立はそれ以前になる。

まずはここに記されている廃部屋―灰部屋―の怪談を見てみよう。なおこれに限らず、以下引用は全てわかりやすく現代語訳したものを載せる。

恋人の聖地

灰部屋というのは、蒲生のとき、片岡右京という者が居た屋敷である。後には井上某という者が住んだ。その息子は二の丸中局の女と密通し、水を潜って夜な夜な通っていた。親がこれを知り、東の角の松の木を忍び出たところを長刀で殺した。女もこれを聞いて自殺をした。その後、この屋敷は妖怪屋敷となった。行く者があれば、大夫が出て踊るなどの奇妙なことがあり、追い出される。強勢な男が行く時には妖怪はない。また町人が脇差一腰を持ち来たためそれを調べてみると、紛失した脇差であり死罪になった。その後材木蔵となったということだ。怪し

元小普請所跡から二之丸を見る

いことがあって門戸のあたりを塞いだのは最近のことである。

『松山俚人談』の文章からは二之丸に通っていた「その息子」が片岡右京の息子なのか、井上某の息子なのか、わかりにくい。しかし後述する『必笑雑話』では片岡右京の息子のこととして灰部屋の由来を語っており、城下で「片岡右京の息子」の話として知られていたとみなせる。

蒲生家の分限帳『蒲生御支配帳』を確認すると「片岡右京」の名が確かに存在する。高二千石の重臣である。また「二之丸」は松平三代目の定長までは藩主が住んでいた場所であった。そこに住んでいた女は、奥女中であったと考えられる。重臣の息子が藩主の奥女中と恋をし、藩主の居館に忍び通っていた。それはもちろん大変な狼藉である。罪を犯す息子を、父親が自身の手で処罰を下した、そのような物語である。

皮肉なことに、というべきか、二之丸史跡庭園は、現在日露戦争時のロシア人捕虜と日本人看護師の名が刻まれた金貨が出土したことから今では「恋人の聖地」に認定されている。

景観と古地図から考える廃部屋の怪談

水を潜り恋人に逢いに行くという話は、多くは女の執心を語る話である。江戸時代の怪談集でも例えば『諸国百物語』（延宝五年（一六七七）刊行）における「駿河の国美穂が崎、女の亡魂の事」では、女が水を潜り男に毎夜逢いにくる。男は女の執心を怖れるようになり、女が海を渡る目印の火を消す。女は水死し、その亡魂が残る。けれどもここでは水を潜るのはほんのわずかな距離であり、潜るのは男である。そして男の一途な思いは、父親の手によって絶たれる。

この悲恋の物語の情景は、松山城がいまもその一帯の遺構を美しく残すがために理解がしやすい。前ページの写真をご覧いただきたい。手前が元小普請所跡、すなわち片山右京の家で、堀を挟んで向こう側が二之丸の正面である。それは、堀を挟み向かい合う二人の恋の物語なのである。今日も残る景観が物語のシーンを鮮やかに立ち上がらせる。

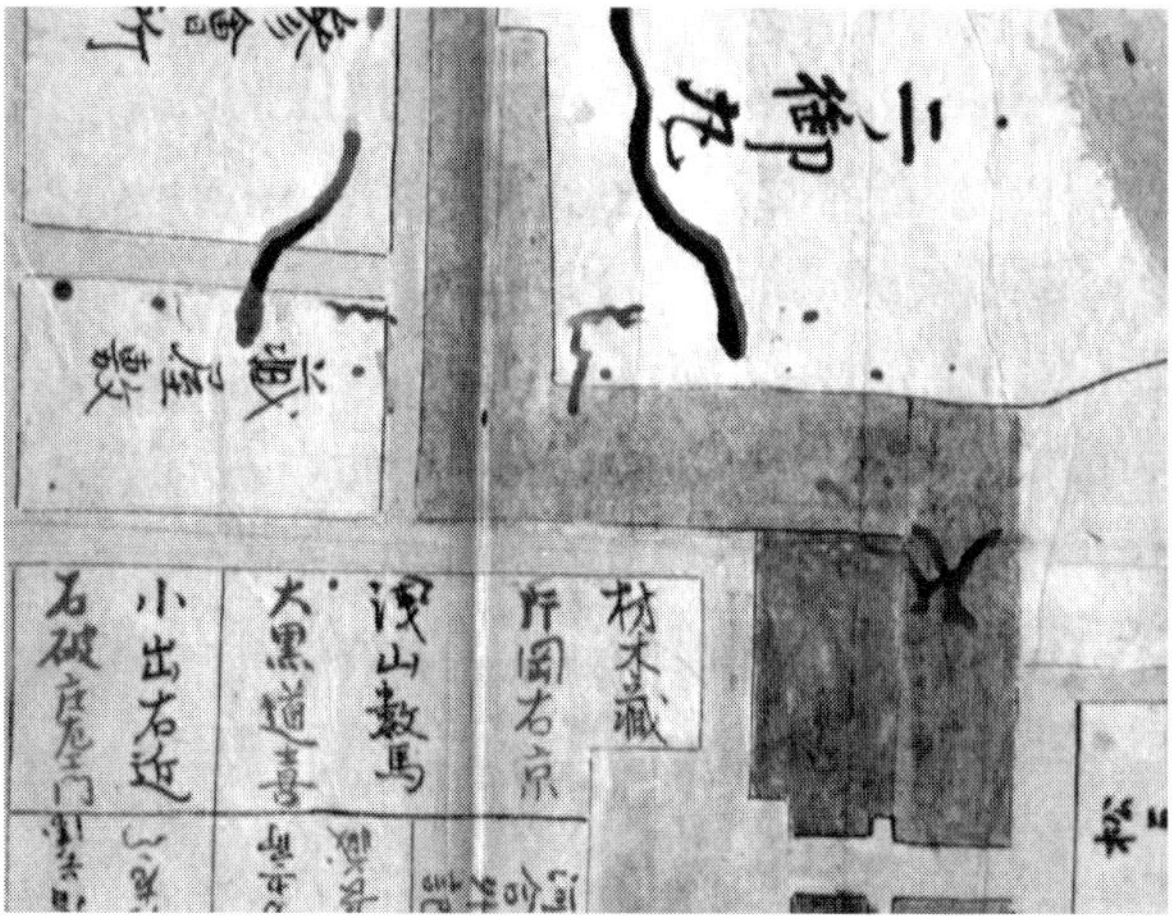

「文政二年　御城下古絵図」愛媛県立図書館所蔵

悲恋の情景は怪談のはじまりの場面、何故そこが化物屋敷になったのかという、いわば化物屋敷の由緒を語る部分である。この由緒を背景として、かの地は妖怪が現れる屋敷となり、ひいては材木蔵になったと『松山俚人談』はいう。実際のところ、その場はどのような変遷を辿ったのだろうか。松山城下の古地図から確認してみたい。

まず前頁の図をご覧いただきたい。愛媛県立図書館所蔵「文政二年己卯秋九月十一日写生高濱高房」の絵図である。これは、『松山市史料集』第三巻付図と同じ内容を持つが、同書の説明によると、各屋敷に二つ並んだ名前は赤字のものが寛永年間（一六二四〜一六四三）の蒲生期を表し、黒字のものが松平期の状況を表す。すなわち前頁の図では向かって左側が蒲生期、向かって右側が松平期になる。これを見ると二之丸の前、堀を挟んだ場所に蒲生期の「片山右京」の屋敷があるが、その場所は松平期には「材木蔵」である。ここにおける松平期は、松平氏が入封してから間もないころとされるので、松平氏入封後すぐに材木蔵になったと考えられる。だとすると、一体いつ「妖怪屋敷」だったのだろうか。同じ疑問を松山藩の幕末の軍学者、村井知衡も抱いていたようである。

伊予史談会の蔵書のうちに軍学者村井知衡による『必笑雑話』という随筆がある。文政九年（一八二六）と記がある。この『必笑雑話』にも「灰部屋」のことがみえ、そこでは、今の灰部屋と言われるところは「怪家」で人が居住する時は色々の奇怪あると伝わる、と言う。さらに、片岡右京の住んだ場所が、松平期には材木蔵になっていると指摘する。その上で村井知衡は「寛永の後士屋敷となりけれ共怪異ありけるゆへまた材木蔵となりけるか」と訝しげに述べる。人の居住するときは怪しいことが起こる、と伝わるからには、ずっと材木蔵であったわけではない。いっときは誰かが住んだのだろうかと考えた上で、「また」材木蔵になったと述べていると考えられる。

ここから少なくとも次のようなことが言えるだろう。まず文政九年の時点で、その場所は人が住むと奇怪なことがある所とみなされている。そして文政九年、村井知衡が知るその場所はやはり材木蔵なのである。

他の城下の絵図で確認すると、元禄年間（一六八八～一七〇三）『元禄図』（伊予史談会所蔵）、宝暦年間（一七五一～一七六三）『松山城下町宝暦図』（個人蔵）、文政二年（一八一九）『御城下古地図』（愛媛県立図書館所蔵）、嘉永年間（一八四八～一八五三）『松山城下町嘉永図』（近藤・豊島家文書）ではいずれも「元小普請所」になっている。例外は『嘉永六年松山城下町図』（伊予史談会所蔵）と、元禄から正徳年間（一七一一～一七一六）のものとされる『秘図松山城下町』（伊予史談会所蔵）である。前者では空白であり、後者には「元小普請所」と並んで「灰部屋」と記されている。

このように確認する限り、松平期に入ってから人が住んだ形跡はない。さらに元禄期にはすでに「元小普請所」になっており、小普請所は別にある。小普請所はちょっとした土木工事をするための作事所であり、村井知衡が材木蔵と認識することから考えると、「元」の小普請所にも材木などが置かれていたのではないだろうか。

二之丸から元小普請所跡を見る

さらに『秘図松山城下町』が示すように、「元」小普請所であるその場所は「灰部屋」と呼ばれていた。「灰部屋」とは、通常、炭を焼く小屋である。材木が置かれる場所であれば、そこが「灰部屋」であることに何の不思議もない。資材などが雑然と置かれた「灰部屋」、それが近世期の元小普請所の様子であると考えられよう。

ここまでくれば怪異譚まであと一歩である。「灰部屋」の音は「廃部屋」に通じる。「廃部屋」となれば、そこは何らかの理由で、人が住まなくなった場所であろう。「灰部屋」つまり「廃部屋」という音からの連想、そして二之丸の正面の侍屋敷が並ぶ一角という立地であるのに人が住まず雑然とした場所になっているという状況が、怪談話を呼び寄せたと考えられる。さらにはその契機としての悲恋の物語もまた、灰部屋、廃部屋が二之丸から堀を挟んだ正面にあるという景観なくしては語られなかっただろう。城内の景観に寄り添い、物語が語られる。保存され整備された松山城跡はその事実を再認識させる。

二之丸、俎石の伝承

堀の向こう、片山右京の息子の恋の相手が住んだ二之丸側には異なる怪異譚が残る。俎石《まないたいし》の怪談である。

二之丸の跡地は、昭和二六年（一九五一）から昭和五八年（一九八三）までは松山市立城東中学校として使われていた。それより以前、戦中、戦前は松山城跡は兵営になっており、二之丸跡には明治一八年（一八八五）からは陸軍の病院である衛戍《えいじゅ》病院が設置されていた。

さて、ここに逗留した兵卒たちが衛戍病院に残る「俎石」を怖れ

二之丸史跡庭園の俎石

たという話がある。愛媛県立図書館所蔵、西園寺源透編『蒲生史料』は蒲生忠知関連の記述が寄せ集められたもので、成立年代の記載はないが、西園寺源透が『蒲生忠知公伝』を出した昭和八年（一九三三）年ごろかと考えられる。
そこに「俎石」に怯える兵卒の姿が描かれる。

雨が降る夜などにはそこで赤子の泣き声がする。兵卒達はそこには夜は近寄らない。

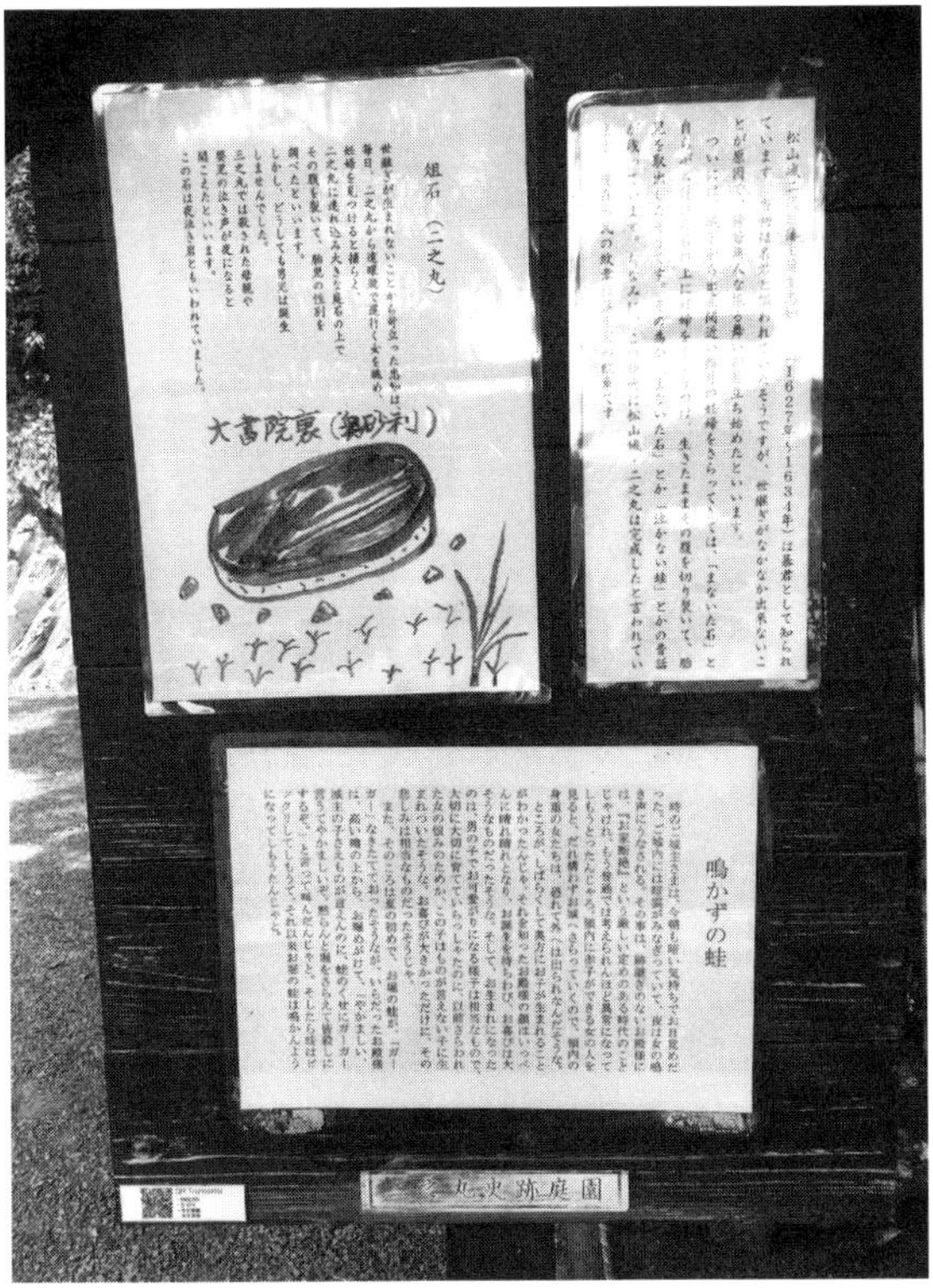

俎石の案内看板

兵卒たちの怖れる「俎石」とは次のようなものである。

寛永年中蒲生忠知が領主であったとき、子供がないことを気に病み多くの妊婦を集め、腹を裂いて妊娠の状況を検分したそうだ。そのとき妊婦を載せた石を俎石といい、今に残っている。

「口碑」と説明されている。雨夜の赤子の泣き声は、無理やり母の腹から取り出されそのまま息絶えた赤子らが泣くイメージであっただろう。元小普請所跡の看板に「蒲生忠知に殺された多くの妊婦と赤子が埋められている」という記述があったことを思い出したい。廃部屋怪談の一角をなす「殺されて埋められた妊婦と赤子」は俎石における殺人伝承につながるのである。

この俎石は、現在二之丸史跡庭園奥にひっそりと置かれている。城が兵営であった頃の証言だけではなく、昭和五四年（一九七九）発行の『松山城』には「妊婦の腹をさいたという俎石も、いま城東中学の庭に半分残っている」とみえる。しかし昭和五五年（一九八〇）の「松山七不思議探訪」という『伊予の民俗』の記事では、著者の方が実際に歩いて俎石は城東中学校内になく、愛媛県立歴史民俗資料館に置かれていることを確認しているので、どこかのタイミングで石は歴史民俗資料館に移されたのだろう。そして城東中学校が閉校し、同所が公園として整備されるとともに、あらためて二之丸跡に戻されたのだと考えられる。二之丸、陸軍の衛戍病院、中学校、そして現在の史跡庭園と場所がたどった変遷を横目に、今また俎石は二之丸跡地に鎮座しているのである。

俎石は前頁のように、表面が真っ平らな石である。その形状から石が「まな板」と呼ばれる理由は納得される。同じように俎石あるいは俎岩と呼ばれる真っ平らな岩石は各地に存在する。これについて柳田國男の言及がある。昭和四年（一九二九）『日本神話伝説集』で大正六年（一九一七）の「片目の魚」の内容を簡略に書き直しており、そこで、神社に近い山川の岸に残る「俎岩などという名前の平石」で「お供え物を調理したようにいっている」と述べている。あるいは丹波国北部の深山にある八頭の大鹿を香賀三郎兼家が大鹿を切った岩が「俎岩」といわれた（『京都府北桑田郡誌』知井村）という例もある。伝承では、俎岩と呼ばれる平石の上で文字通り岩をまな板として刃がふるわれ、血が流れるのである。二之丸跡の平石、俎石における流血の物語が蒲生忠知による妊婦の腹裂きであった。

蒲生家の断絶と伝承

この「妊婦の腹を裂く」という行為は古来暴君の伝承につきもののモチーフであり、古代中国の暴君として名高い桀紂や武烈天皇、戦国期でも豊臣秀次や福島正則など多くの人物に妊婦の腹を裂いたという伝承が残っている。

しかし蒲生忠知の場合、妊婦の腹を裂くという怖るべき行為は「暴君」という以上に嫡子への執着という意味合いが強い。蒲生忠知は、蒲生家をその代で絶やしてしまった人物である。女の腹は忠知の子を宿すはずのものであり、妊婦への固執は、この文脈を無視して読むことはできない。

そもそも蒲生忠知は、信長の勇猛な家臣でありキリシタン大名として知られた蒲生氏郷の孫にあたる。会津藩主蒲生秀行の次男として生を受けた。父秀行が早世したため、兄の忠郷が家督を継ぎ会津藩主になり、忠知は寛永三年（一六二六）出羽上山城主となる。しかし寛永四年、忠郷も早世する。忠郷は嗣子を持たないままであった。そのため弟である忠知が減封の上で蒲生家を嗣ぎ、伊予松山に入封することになる。しかし忠知もまた嗣子がないまま参勤交代の途中京都で倒れ、若くして世を去るのである。秀行、忠郷、忠知と三代続いて早くに世を去り、大大名であった蒲生家は後継ぎがいないという理由で断絶する。忠知が嫡子がないことを気に病み妊婦の腹を裂くという伝承の背後には、むしろ後世のよく知るところであったその問題の大きさがある。

『蒲生史料』には俎石の別伝が見える。そちらでは同じ石を「俎橋」と呼ぶ。俎橋の伝承では、御家の後継者の問題が腹裂きというモチーフにかかってくるものであることが、より鮮明になる。

（忠知が没した）当時、忠知には男の後継がいなかった。そのため家の断絶を嘆いた家臣の面々は二の丸御殿の俎橋に、その頃忠知の胤を孕んでいた側女たちを連れ出して、無残にも腹を割って見たが、胎児は皆女だったので、家臣たちは落胆した

俎石での妊婦の腹裂きが、家の断絶の問題とあからさまに直結している。ここには暴君伝承の要素はなく、ただ後継を求めるあまりに起こる惨劇が描かれる。

二之丸の俎石伝承は、俎石という「もの」に導かれながら語られただろう。しかしながらそれは、暴君伝承として流通する妊婦の腹裂というモチーフを基盤としながら、嫡子を求める蒲生忠知と重ね語られたものだとみなせる。場に存在する「もの」や景観、あるいは場に伴う名前が、物語を呼び寄せる。そしてそこが城である以上、物語はおのずとかつてそこに住んだ者、すなわちその土地を支配した者の物語になる。城の怪異譚は、景観が地域社会における「歴史」と結びつきながら語られるのである。そしてそれが怪異譚であれば、蒲生忠知、早くして世を去りその後に家が絶えるという結末を迎える人物こそ、物語に似つかわしい。家を絶やすというバッドエンドは、忠知を怪異譚を呼び起こす人物にするのである。

このようにして「蒲生忠知」という城主は怪異譚と特に高い親和性を持つ。灰部屋伝承の息子を殺した父親、片山右京は蒲生忠知の重臣であり、同所が怪事の相次ぐ場所になる端緒は蒲生期の出来事である。また古地図を確認すると、その場所の武家屋敷から材木蔵への転換は蒲生期から松平期になされていた。蒲生期を最後に武家屋敷ではなくなったという景観の変化もまた「妖怪屋敷」伝承形成の後押しになったと考えられる。

あるいは松山藩における皿屋敷伝承では、お菊の奉公先が忠知とも伝えられている。松山城のお菊井戸は松山城三之丸跡にあった。袖にした侍の意趣返しによって家宝の皿を紛失したお菊は、失意のまま井戸に入水する。その後毎

夜のように井戸から亡霊が現れるようになる。『蒲生史料』が「芝居でお馴染みの通り」というようにオーソドックスなお菊伝承であるが、そのお菊は「今からざっと三百年前の寛永年間時の大殿蒲生忠知に」仕えていたというのである。松山には、蒲生忠知に仕えていた女中としてのお菊イメージがあったのだ。

ちなみに『蒲生史料』にはお菊井戸をめぐる次のような怪談もみえる。

お菊井戸について連隊内に一つの怪異が伝えられている。日露戦争当時、十一中隊の将士が征露の首途に記念撮影をしたところその写真に朦朧として女の姿が写ったというのである。

日露戦争期の心霊写真の話が、それから三〇年ほどの後の一九三〇年代の兵隊たちの間で噂されていた。十一中隊とは二十二連隊の一部隊のことで、日露戦争で大きな犠牲を払いつつ活躍をしたことが広く知られていた。太平洋戦争中も二十二連隊は松山城三ノ丸跡に駐屯し、この文章が記された時期よりおそらくはのち、沖縄戦で全滅することになる。

蒲生家断絶の物語

蒲生忠知の治世の短かさ、そして忠知で家が絶えたという「歴史的事件」は、怪異譚のモチーフそのものになっていく。次いで『松山俚人談』にみえる蒲生家の滅亡に伴う説話を紹介したい。

蒲生の家の家来二人が久万山へ鷹打に遣わされた。一人は尺八が大変堪能であった。夜中、鷹山で尺八を吹いていたところ、異類や獣などが小屋を囲み聞いていた。それはすさまじい様子であった。翌朝、小者が一人やって来て尺八を吹いていた男に「松山から用事があり久谷まで目付が来ている。同僚に告げずこっそり一緒に来い」と言う。取るものも取り敢えず急いで行くと、使いの男は道中で大奴になった。彼が言うには「私は人ではない。我らは昨夜の笛に感激し主人に告げた。お前は今から主人の館へ来て笛を吹くがよい。もし来るならばよし、拒めば命を取る」と言う。断りようもなく、大奴の背に負われて山谷を一飛に一〇里ばかりも行ったかと思うと、金殿があり、大勢の人が出迎え歓迎をしてくれる。そして奥の御殿に連れていかれると、官女のような女が上壇にいる。男は笛を吹いた。吹き終わったのち、金子と箱とを渡された。

「此箱は大事のものである。開けてはならず、武運長久の御守としなさい。ここの様子を決して他の人に語ってはならない。約束を守るのであれば守護しよう。約束に背けばすぐさまお前の命はなくなる」と男は告げられた。そしてまた大奴の背に負われ、翌日の昼小屋へ帰った。同僚に詳細を尋ねられたが、語らなかった。そのため松山に戻って同僚が訴え出ることになった。男は忠知公に呼ばれ直に問いただされ、ありのままを語った。そしてその箱を出し忠知に見せた。忠知が箱を打砕き中を見ると、男はたちまち死んでしまった。それ以来忠知は病気になったという。

久万山《くまやま》に鷹打に入った忠知の家臣が、鷹山であまりに上手い尺八を吹いたため魔の者に呼ばれる。男は空を飛ぶ大奴―天狗とみなせようか―の背に乗せられて、高貴な女の前に連れ出されそこで笛を吹いてみせる。男は土産の箱をもらうが、忠知がそれ砕き中を見る。その後忠知は病むことになる。物語の受け手は、病に続く忠知の早世とその後の断絶まで読み込むことができただろう。

開けるなと言われた箱を開ける先に不幸が待っている「見るなの禁」と言われる形の話であり、蒲生忠知がなぜ悲惨な末路を辿ったのかという説明になっている。別伝では、箱の中身に「御家断絶」と書かれていたという（『蒲生氏史料』）。

家来たちが鷹を狩りに入った山は、城からほど近い御幸山という説もある。けれども『松山俚人談』では、「久万山」が選ばれた。

久万山とは、松山城からやや東寄りに南下した先、現在の上浮穴郡久万高原一帯を指す。石鎚山系南部にあたる地域である。『豫章旧記』には、松山城が三重の天守に改築される際使われたのが久万山の欅であったと記されている。つまりそこは、鷹狩りに行き、築城の木を刈る山であり、城下からほど近いながら山としての存在感を持っていた場所であったと言える。久万山では大規模な農民反乱もおきており、松山城下の人々にとって、最も近しい異界としての役割を持つ場所だったのではないか。

この異界イメージを裏付けるのが『平成狸合戦ぽんぽこ』にも登場する狸、隠神刑部《いぬがみぎょうぶ》であろう。「妖怪大作戦」でまさに決死の活躍をする隠神刑部は、そもそも久万山に住む狸である。『八百八狸物語』をはじめとする講談の登場人物ならぬ登場狸で、久万山に住み松山城を守護していたが、お家騒動に巻き込まれ、久万山の洞窟に封じられたとされる。『松山俚人談』は成立年代がはっきりしないものの、講談で広まった隠神刑部は、より後世の存在である可能性は高い。しかし、久万山は、城を守護する異形のものの住処としてイメージされる、そういった場所であったと言えよう。

そして久万山を飛ぶ天狗の長の「官女のような女」から与えられた箱を壊し中を見たことで、蒲生忠知は悲惨な末路をたどる。蒲生忠知は、見るなと言われた箱の中を見た。土地に住まう神霊に課された禁忌を犯し、蒲生支配は終了したのである。松山城の支配者を決しているのははたして徳川家だと言えようか。支配の継続は天狗が仕えるその女の掌の中にあるのである。

松山に限らず城に関する地域伝承には、近世初期の支配がいまだ不安定な状況を語るものが多い。お殿様の不意の失脚が「何によるのか」という理由を、伝承が説明するのである。家が絶えたのは世継ぎを得られなかったことによる。けれども「なぜ」なのか。伝承がその「理由」を語る。

城から少し離れてしまった。再度城の内側に戻りたい。『松山俚人談』のこの話には、さらに不思議な一節が付いている。

京都で忠知が倒れ家が断絶しており、二之丸に蜂が夥しく集まった。石の上に炭火を置いて羽風で扇ぎ立てた。怪しいことだと評じたという。二之丸についてはこのような話がある。忠知のおり、大洲から河野という術者が来た。河野は石垣を築いたためその祝儀に吸い物を賜った。そのとき石垣はことごとく崩れ、この術者は逃げ去った。

忠知の死が伝わる前だろうか、蜂が大量に集まるという予兆めいた怪事が二之丸で起こる。片岡右京の息子が忍んで行ったあの二之丸での出来事である。『松山俚人談』は、蒲生忠知の死に際してのこの怪事とともに、石垣をめぐる騒動を想起し書き記す。二之丸の石垣をまやかしで完成させた術者の話である。

城の護りの要となる石垣の完成には、ときに特別な力が介在する。松江城には作っても作っても崩れる石垣が、祈祷により完成されたという話がある。また姫路城にも老婆が石垣を作る石を差し出したという「姥が石」の伝承がある。そのようにして、松山城二之丸でも「術者」が石垣を完成させた。しかし石垣は崩れ去り術者は逃げ去る。逃げる術者の後ろ姿に、その名前「河野」がこだまする。ほんの一瞬書物に名前を現すその人は、なぜ「河野」なのだろう。蒲生以前、加藤以前、近世期の支配体制が確立する以前、伊予の地を支配してきたのは河野氏であった。築城の要となる石垣作事を、長らくその地を治めた河野の名前を持つ者が阻む。石垣は外から城に入り込むものを防ぐ。その完成が、河野により邪魔をされる。そしてその内部では、忠知の死すなわち蒲生支配の終焉を示す怪事が発生する。それぞれが何を示しているのかは皆まで語られない。二つの事件がひと続きに示されるのみである。

忠知の死をめぐる「なぜ」という問いへの答えは、ひとつには神霊の禁忌を破ったからである。そして、さらなる答えとして、ごく一瞬、豊臣秀吉による四国攻めに屈し伊予から去ったかつての領主、河野氏が姿を現す。重なり合う歴史の片鱗がわずかに覗くのである。

おわりに

城を見上げるその場所に生きる人々がしたためた書物には、ときに城をめぐる怪異譚が記されている。しかしそれらのうちには、板本として刷られることはなく、写本の儚さとともに失われた伝承も数多あるのではないか。松山では伊予史談会の面々を中心に、古書を集め写すことが行われた。その営みにより、ここで紹介しきれなかったものも

含め、松山城の様々な怪異譚を今日知ることができる。

そして、物語を読み解くには景観もまた大切な要素である。松山城は広大な城郭跡が維持、整備され「景観」が保全された。景色に目を凝らしながら、物語が語る城の過去に耳を傾ける。そのようにして、ようやく怪異譚が語るものが薄ぼんやりと姿を現してくる。

加藤嘉明は松山城築城のおり、鉄の甲冑を着て鉄の弓を持った八寸の土人形を埋めたという。土中の武士は今も伝承ごと松山城を守護しているのかもしれない。

【参考文献】

西園寺源透『蒲生忠知公伝』（興聖寺、一九三三年）
「松山城」編集委員会編『松山城（増補版）』（松山市役所、一九七九年）
山内一儀、林和彦「松山城七不思議探訪」（『伊予の民俗』三二、一九八〇年）
南郷晃子「城をめぐる説話伝承の形成—姫路城を中心として—」（『説話・伝承学』一四、二〇〇六年）
堤邦彦『女人蛇体—偏愛の江戸怪談史—』（角川学芸出版、二〇〇六年）

あとがき

城郭の怪異には、滅んだ城、滅んだ領主、滅んだ地主神への土地の人々の哀惜の念がまつわりついている。滅びしものの記憶のない城郭には怪異が語られる土壌がない。滅びし者に姿を与え、跋扈させる、それが城郭の怪異である。それらは、時にその発生時の語りの状況から離れ、退治する側に焦点が移ることもあり、また、その土地そのものから離れ、いにしえの破滅へ向かった人たちへの追憶をもって、恐れと憐憫の情によってひきおこされる感情、すなわちカタルシスをよびおこす話として一般の人々の共感を得ることもあった。為政者の側からすれば、自らの住まう城の怪異譚は、本来、望ましいものではないはずだが、それでも密やかに語りだされ、それが記憶として、文字として残されることがあったのである。本書は、そうして残った城郭の怪異を東から西の一〇の城にわたって、お届けすることを目論んで編集した書物である。

三弥井書店の吉田智恵さんと城郭の怪異をコンセプトとした本を作る話を進めている折、ふとしたきっかけから城好きということが判明した二本松康宏氏が共に編集を担当してくださることになった。どちらかといえば近世初期の大名家や怪異の方に興味がある私と二本松氏との議論の末に生まれた本書は、その両者を兼ね備えたバランスの良い本になっているのではないかと思う。また、二本松氏のおかげで、本書の執筆者に歴史学研究の方々をお迎えすることができた。文学研究者と歴史学研究者は、対象へのアプローチの仕方が異なっている分、多角的に城郭の怪異について見渡すような内容となったのではないかと思っている。

そもそも城郭の怪異に関わる資料を普段から取り扱っておられる研究者はきわめて少ない。本企画は、二〇一九年度説話・伝承学会春季大会の【公開シンポジウム】「城郭の怪異」で議論したシンポジウムの内容をさらに発展させるために、より多くの城郭の怪異の発掘が必要であることから出発したものだが、しかし、いざ、執筆者を探そうとすると、研究レベルの内容をわかりやすく叙述できる一〇の城郭の怪異にみあう人数の研究者を探すのは至難の業であった。学会では、本書の執筆者でもある南郷晃子氏と菊池庸介氏が登壇してくださったので、お二方にはすぐ執筆のお願いをしたものの、それ以外の執筆の候補者がなかなか見つからないという日々が過ぎていった。そうした中で、二本松氏が歴史学研究者の小田倉仁志氏、林順子氏をご紹介くださったのはありがたい限りであった。そうこうしているうちに、元々、面識のあった「東アジア恠異学会」で活躍してこられた久留島元氏、また、近世の写本、版本の扱いに慣れておられる近世文学研究の三宅宏幸氏にも執筆をお引き受けいただくことができた。三宅氏には、駿府城の怪異を執筆するにあたって資料の在処等についても御教示いただいた。その後、出版社からのご紹介をうけて近世の怪異の説話をご専門とする堤邦彦氏に加わっていただき、全体として重みのある充実した執筆陣となった。さらに、大阪城天守閣博物館長の北川央氏にも念願かなってお忙しい中でのご執筆をいただき、一層華やかな執筆メンバーが揃うことになった。こうして、本書には、城郭の怪異の全体像を描くのにふさわしい一〇人の執筆者が集ったのである。コロナ禍で大変な中、調査、撮影をしたうえで、貴重なご論考をお寄せくださった執筆者の皆さまには、この場を借りて厚くお礼申し上げたい。

また、城郭といえば、その場所が重要な意味をもつが、地図を作成くださった地理学研究者の服部亜由未氏はそれぞれの論考を読んだうえで、必要な地図を作成くださっている。いつもながら丁寧なお仕事ぶりには頭のさがる思いである。服部氏にもこの紙面を借りて心より感謝申しあげる。

本書からは御覧いただくとわかる通り、各城郭の怪異が実は東西にわたって交錯している様子をうかがうことができる。中でも最後の松山城の蒲生家断絶の怪異が奇しくも冒頭の会津若松城の領主交代と関わって終わっているのは、編集側からは予期せぬ出来事だったのだが、それは、城郭の怪異譚発生のメカニズムをよく示しているように思う。

中世から近世にかけての城主の交代は、その土地の領民からすれば、慣れ親しんだ領主との一方的な隔絶の記憶であり、そこには、消えた、あるいは、滅んだかつての城主をめぐる怪異の起こる隙が生じる。そのせいか、天守閣には様々な神が祀られたようである。「金城温古録」には、乱世において、城主が信仰する神を天守に置いたこともよくあったと記されている。ちなみに、名古屋城の天守閣は、城主の御心の柱であり、ここに軍の祭壇を置かなかったのは後の鑑であるとしながら、名古屋城の天守閣の土台には、猿田彦大神を土公神として祀っているという秘説があるる旨が記載されている。名古屋城が水性の地形により、開基の城主の性が土性であることから、土徳の神が選ばれたという。名古屋城のように、滅びし者の記憶をもたない城においてすら、このように天守には神の祀られた痕跡がある。領主の交代した城においては、なおさら、土地の神に認められることが新領主にとっては重要なことであったに違いなく、天守閣に祀った神も土地の神であることが往々にしてあった。

収録された多くの論考で、各城の怪異譚が江戸時代の初期の記憶が失われたあたりに生成されたと記されている。一七〇〇年代の終わりには、藩の秘事であった記録や故実は焼かれたり紛失したりして残っておらず、過去のことをほとんど知ることができない状況になっていたようである。尾張藩においては茂矩という人物が藩主の吉通の許可を得て、他藩の者へ見せないことを条件に小姓時代に聞いた話を『昔咄』という書物に書きおこしている。そうしたことを鑑みると、実は、多くの城郭の怪異譚の原型には記録には残ることのなかった天守閣に祀られた神の問題があったのではないかと思われる。もともと土地の神として祀られていた女神が狐、狸、あるいは、杜若の精のような、その土地においてわかりやすい姿にさしかえられて、江戸時代中期の怪異譚として確立したようにも思うのである。本編には記さなかったが、駿府城には、城内で杜若の謡をうたうと、鬼門の方向にある竜爪山から奇火が飛び来たって即座に命を絶つという伝承が『駿国雑志』に残されている。山の神と杜若の精として現れた女性が重なる存在としてあったことがわかる。元々あった土地の神への信仰が駿府城の能の文化に触発されて、杜若の精の話へと書き換えられていったと考えられる例である。堤氏をはじめとする本書のいくつかの論考を読むと、こうした城郭のある土地に累々と積み重ねられた怪異譚を語る主体には、まずは、祭祀をつかさどる寺院や家柄の人々があり、続いてそれらの話を引き受けた土地の支配者たちがあったことがわかり、城郭の怪異の語りの担い手がどういった層であったか窺い知ることができる。

一方で、築山御前や秀頼のような人の物語に関わる怪異譚は、同じ共同体に属する人々が彼らの無残な最期から想像力をめぐらす中で創りあげたものが多い。築山御前の最後が悲惨だったことは本編を読めばわかるが、愛知県岡崎市出身の私は、小さい頃、通っていた幼稚園の隣にある東公園の片隅に築山御前のお墓がある（現在はないが）と大人から教えられた記憶がある。それは、おおっぴらにはできない話であるかのようにひそやかな雰囲気の中で語られていて、この世には触れてはならぬ場所というものがあるのだと子供心に思ったものだ。少し、公園の暗がりの片隅にあったその場所は、心底怖くて、私の心中奥深くに焼き付けられた想い出である。昭和の時代ですら、まるで昨日のことのように、築山殿の怨念の記憶は語り継がれていたのである。この場合の語る主体は、風景、言葉、人の物語から怪異譚を紡ぎだした共同体だったといえるかもしれない。

語る主体が共同体であるのは、多くの論考で見られた狐の怪異もそうであろう。狐の怪異は、江戸時代の城に関わる稲荷信仰の問題としても興味深いが、類似の話が姫路城を中心に広がっていることは江戸時代の城下町の情報網の問題としても重要なことのように思う。また、姫路城の怪異譚が他の城の怪異譚形成や読み物、芝居にまで大きな影響を与えていたことは、江戸時代において城郭の怪異の物語が流布する土壌があったことを思わせる。姫路城の武蔵と九尾の狐の話は、近年、宝塚歌劇団で『白鷺の城』としても上演されており、城郭の怪異がエンターテインメントとして今なお、人々の心を捉えていることがわかる。このように、城郭の怪異をめぐって、文学、演劇、観光へとその用途が広がっていき、人々の心に普遍的に響く話として流通していく様相も、城郭という空間から生み出されたものがいかに世の中に受け入れられていったかという意味において見逃せない部分であり、刮目に値する事柄のように思う。

一〇人の方の玉稿により、城郭をめぐる幾つかの謎を解き明かすことができたことは望外の喜びである。本書は、一般の城好きの方に、本書を携えてその城の風景を眺めながら、かつてあったとされる不思議な出来事を想像して楽しんでいただきたいのはもちろんのこと、論集としても十分、読みごたえのあるものになっているので、研究者の方々にも気軽に手にとっていただけたらうれしく思う。

最後に、本の構成から画像の選択等、さまざまに相談に応じて辛抱強くご対応くださった吉田智恵氏に心よりのお礼を申しあげて本書のあとがきを終えたい。

中根　千絵

二〇二一年四月三〇日

執筆者紹介

小田倉仁志（おだくら　ひとし）
1982年生まれ。福島県教育庁文化財課。修士（歴史学）。
【おもな著書】岩下哲典・「城下町と日本人の心」研究会編『城下町と日本人の心性―その表象・思想・近代化―』（共著、岩田書院、2016年）、片桐一男編『対外関係と医学・医療』（共著、洋学史研究会、2020年）

中根千絵（なかね・ちえ）
1967年生まれ。愛知県立大学教授。博士（文学）。
【おもな著書・編著書】『今昔物語集の表現と背景』（三弥井書店、2000年）、『いくさの物語と諧謔の文学史』（三弥井書店、2010年）、『愛知で知る読む日本文学史15講―古典de聖地巡礼―』（改訂版、三弥井書店、2020年）、『昔物語治聞集』（三弥井書店、2020年）

堤　邦彦（つつみ　くにひこ）
1953年生まれ。京都精華大学教授。博士（文学）。
【おもな著書】『近世仏教説話の研究―唱道と文芸―』（翰林書房、1996年）、『江戸の高僧伝説』（三弥井書店、2008年）『絵伝と縁起の近世僧坊文芸―聖なる俗伝―』（森話社、2017年）、『日本幽霊画紀行―死者図像の物語と民俗―』（三弥井書店、2020年）

二本松康宏（にほんまつ　やすひろ）
1966年生まれ。静岡文化芸術大学教授。博士（文学）。
【おもな著書・編著書】『曽我物語の基層と風土』（三弥井書店、2009年）、『諏訪信仰の中世―神話・伝承・歴史―』（三弥井書店、2015年）、『諏訪信仰の歴史と伝承』（三弥井書店、2019年）

林　順子（はやし　よりこ）
1965年生まれ。南山大学教授。博士（経済学）。
【おもな著書】新修名古屋市史編集委員会編『新修名古屋市史　第3巻』（共著、名古屋市、1999年）、『尾張藩水上交通史の研究』（清文堂、2000年）、岩下哲典・「城下町と日本人の心」研究会編『城下町と日本人の心性―その表象・思想・近代化―』（共著、岩田書院、2016年）

久留島元（くるしま　はじめ）
1985年生まれ。京都精華大学特別任用講師。博士（国文学）。
【おもな論文・著書】「怪談伝承の定着と変奏―尼崎の事例を中心に―」（『説話・伝承学』25号、2017年）、東アジア恠異学会編『怪異学の地平』（共著、臨川書店、2018年）

北川　央（きたがわ　ひろし）
1961年生まれ。大阪城天守閣館長。
【おもな著書】『大坂城と大坂の陣―その史実・伝承―』（新風書房、2016年）、『なにわの事もゆめの又ゆめ―大坂城・豊臣秀吉・大坂の陣・真田幸村―』（関西大学出版部、2016年）。

三宅宏幸（みやけ　ひろゆき）
1984年生まれ。愛知県立大学准教授。博士（国文学）。
【おもな論文】「〈宮本武蔵もの〉実録の展開―『兵法修練談』『武道小倉袴』『袖錦岸柳島』系統を中心に―」（『読本研究新集』第10号、2018年）、「寛政期読本『怪談雨之燈』の研究と翻刻」（『愛知県立大学説林』第69号、2021年）。

菊池庸介（きくち　ようすけ）
1971年生まれ。福岡教育大学教授。博士（日本語日本文学）。
【おもな著書】『近世実録の研究―成長と展開―』（汲古書院、2008年）、『歌麿『画本虫撰』『百千鳥狂歌合』『潮干のつと』』（講談社選書メチエ、2018年）

南郷晃子（なんごう　こうこ）
1978年生まれ。神戸大学国際文化学研究推進センター協力研究員。博士（学術）。
【おもな著書・編著書】東アジア恠異学会編『怪異学の地平』（共著、臨川書店、2018年）、『「神話」を近現代に問う（アジア遊学217）』（勉誠出版、2018年）

地図作成　服部亜由未　愛知県立大学准教授

城郭の怪異

令和３（2021）年６月25日　初版発行

定価はカバーに表示してあります。

Ⓒ編著者　二本松康宏・中根千絵

発行者　吉田敬弥

発行所　株式会社　三弥井書店

〒108－0073 東京都港区三田３－２－39

電話03－3452－8069

振替00190－８－21125

ISBN978-4-8382-3384-7 C0020　整版・印刷　エーヴィスシステムズ